Le Paris
de Chrystine Brouillet

DU MÊME AUTEUR

Chère voisine, Éditions Quinze, Montréal, 1982.

Coups de foudre, Éditions Quinze, Montréal, 1983.

Le Poison dans l'eau, Denoël, Paris, 1987.

Chatte ?, Ramsay, Paris, 1987.

Préférez-vous les icebergs ?, Denoël, Paris, 1988.

Marie LaFlamme, Denoël, Paris, 1991.

Guide anti-insomnie (sous le pseudonyme de Christine Landry), Hachette, Paris, 1991.

Nouvelle-France, Denoël, Paris, 1992.

La Renarde, Denoël, Paris, 1993.

Le Collectionneur, la courte échelle, Montréal, 1995.

POUR LES JEUNES

Un secret bien gardé, la courte échelle, Montréal, 1983.

À contre-vent, Ville-Maire-Nathan, Paris, 1983.

Le Complot, la courte échelle, Montréal, 1985.

Le Caméléon, la courte échelle, Montréal, 1987.

Les collégiens mènent l'enquête, Bordas, Paris, 1988.

La Montagne noire, la courte échelle, Montréal, 1988.

Un jeu dangereux, la courte échelle, Montréal, 1989.

Danger bonbons !, Syros, Paris, 1989.

Le Corbeau, la courte échelle, Montréal, 1990.

Le Vol du siècle, la courte échelle, Montréal, 1991.

Une plage trop chaude, la courte échelle, Montréal, 1991.

Une nuit très longue, la courte échelle, Montréal, 1992.

Les Pirates, la courte échelle, Montréal, 1992.

Mystères de Chine, la courte échelle, Montréal, 1993.

Un rendez-vous troublant, la courte échelle, Montréal, 1993.

Pas d'orchidée pour Miss Andréa, la courte échelle, Montréal, 1994.

Les Chevaux enchantés, la courte échelle, Montréal, 1994.

Un crime audacieux, la courte échelle, Montréal, 1995.

La Veuve noire, la courte échelle, Montréal, 1995.

Secrets d'Afrique, la courte échelle, Montréal, 1996.

Le Ventre du serpent, la courte échelle, Montréal, 1996.

Chrystine Brouillet

Le Paris de Chrystine Brouillet

Boréal

Les Éditions du Boréal sont inscrites au Programme
de subvention globale du Conseil des Arts du Canada
et reçoivent l'appui de la SODEC.

Conception graphique : Gianni Caccia
Photo de la couverture : Christophe Bornet, photo prise
au Grand Colbert
Illustrations de l'intérieur : Michèle LeBas

© Les Éditions du Boréal
Dépôt légal : 4e trimestre 1996
Bibliothèque nationale du Québec

Diffusion au Canada : Dimedia
Diffusion et distribution en Europe : Les Éditions du Seuil

Données de catalogage avant publication (Canada)
Brouillet, Chrystine
   Le Paris de Chrystine Brouillet
   Comprend un index.
   ISBN 2-89052-784-0
1. I. Paris (France) – Guides. I. Titre.

DC708.B76   1996   914.4'36104839   C96-941123-5

À Bruno Bronquard.

PRÉFACE

J'aime Paris. D'amour. Paris est un être cher avec qui je flâne, je musarde, je m'amuse, je me fâche, je me réconcilie. Je critique Paris, Paris en fait autant avec moi. Paris me force à la réflexion, à la remise en question, à l'humilité ; plus j'apprends Paris, plus je mesure mon ignorance. Je n'aurai pas assez d'une vie pour connaître la Ville lumière.

Elle m'apparaît parfois comme une femme, comme une rivale ; je ne saurais sortir de chez moi sans être parfumée, coiffée et maquillée car je rencontrerai Paris au coin d'une rue, elle sera très belle, parée de sa tour et de ses ponts et je devrai pouvoir la regarder sans ciller. Le lendemain, au contraire, Paris sera viril. Je clignerai de l'œil, je tenterai de séduire l'homme qui surgit derrière l'Arc, appuyé à l'Arche, arpentant les Champs-Élysées, grondant sous la ville, tournant le dos à la tour Montparnasse pour l'oublier, j'essaierai de séduire ce Paris mystérieux et insaisissable, je tenterai de percer ses secrets et, bien sûr, il se dérobera pour mon plus grand plaisir.

Quand je vis au Québec, mes yeux se reposent, s'abreuvent de lumière, d'air, de calme, de ciel. De ce ciel qu'on ne voit jamais à Paris. J'ai de l'affection et une grande amitié pour mon pays. Mais j'éprouve de la passion pour Paris, je cherche son image, j'ai la gorge sèche quand je cours vers lui, quand je plonge dans son cœur. Paris m'épuise délicieusement. Je sais que je ne pourrais vivre avec lui toute l'année, j'ai besoin de la fidélité du Québec, de sa force tranquille. Je veux l'ami. Et l'amant.

Paris est pourtant fidèle à sa manière : Paris ressemble aux dessins de Sempé, aux livres de Balzac et de Simenon. L'ombre de Maigret hante le boulevard Richard-Lenoir, et je ne peux me promener sous les arcades de la rue de Rivoli sans penser au baron Haussmann, ni m'arrêter rue Vauquelin sans songer à Pierre et Marie Curie qui y découvrirent le radium. Je ne crois pas que les fantômes de Brillat-Savarin, de Rossini, de Rachel, de Michelet, de Chopin et de Colette se contentent du cimetière du Père-Lachaise pour leurs promenades. Ils reviennent dans leurs lieux, ils les enchantent afin que les mortels succombent au charme de Paris.

Ils sont peut-être étonnés du Paris d'aujourd'hui, de la diversité de ses quartiers, mais je suis certaine que Flaubert voit sa Salammbô dans ces femmes qui portent fièrement leurs boubous dans le métro et que Pierre Loti frémit en observant les yeux si noirs des belles Turques du 18e arrondissement. Paris est une planète où on entend parler le bantou, l'espagnol, l'arabe, le russe ; le touriste et le titi, le poulbot et les Marie-Chantaaaale. Paris, c'est ce chauffeur de taxi vietnamien qui écoute des chansons italiennes en me confiant qu'il préfère le quartier Barbès à tous les autres.

Paris, c'est aussi le Parisien qui vous répond toujours sur le ton de l'évidence quand vous demandez un renseignement, mais qui vous donnera ensuite plus de détails qu'il n'en faut. Car le Parisien est un être éminemment paradoxal, et sa ville, qui a bercé Descartes et Pascal, est un modèle de contradictions : on court, on court toujours dans Paris, mais on s'arrête trois heures pour déjeuner. On crie au scandale quand on érige les pyramides de cristal, de Pei, mais on supporte une grève des transports durant un mois. On râle parce qu'on fait la queue à la banque, mais on n'hésite pas à quitter Paris, subir des bouchons de sept heures pour aller aux sports d'hiver. On peste contre Paris, on reprend les paroles de Scarron qui disait au XVIIe siècle que Paris puait et était trop encombré, mais une formidable cohésion naît dès que la capitale est menacée. Le Parisien est en accord avec Sacha Guitry : « Être de

Paris, ce n'est pas y avoir vu le jour, mais y voir clair. On n'est pas de Paris comme on est de Clermont, mais on est de Paris comme on serait d'un cercle. On est élu Parisien. Élu à vie. C'est une dignité, c'est une charge aussi. On doit être à ses ordres, à sa dévotion, quand Paris vous a fait l'honneur de vous admettre. »

La Seine m'émeut toujours. Le jardin du Luxembourg me sourit doucement. La place du marché Sainte-Catherine m'attend. Je me souviens d'une soirée où j'étais amoureuse. Je m'étais assise auprès de cet homme qui adorait les bancs de parc. La brunante était divine, pastel. Une odeur de miel et de feuilles dominait la rumeur de la rue de Rivoli. Tout était possible.

Nous étions à Paris.

★ ★ ★

Ce guide est enthousiaste ; ce n'est pas un répertoire de critiques gastronomiques, mais un parcours par les rues de Paris qui me plaisent.

Ce guide n'est pas exhaustif ; la subjectivité y règne : je n'y ai mis que ce que je connais et que j'aime. Et j'ai voulu vous faire partager le plaisir de découvrir ces lieux avec les amis qui m'y accompagnent.

J'ai tenté de regrouper les adresses par arrondissement de façon que vous puissiez tout faire d'un coup quand vous êtes dans tel ou tel quartier. Vous constaterez que la majorité des adresses se trouve dans le 4e arrondissement. Je confesse un faible très prononcé pour le Marais où j'ai habité en 1984. Ce quartier, qui est aussi celui des gays, est un des plus beaux de Paris, car il n'a pas été abîmé par des constructions sauvages. On voit de très beaux immeubles au détour de la moindre rue, et comme il y a peu de grandes artères (hormis Rivoli), le cachet historique est mieux protégé. J'aime aussi le 5e arrondissement — le Quartier latin, le quartier de la Sorbonne —, c'est très vivant et, malgré sa situation centrale, on fait des trouvailles question prix, car les clients sont… des étudiants. J'ai appris à aimer le 6e, le quartier des éditeurs où ceux-ci ont leurs habitudes, leurs « cantines » où ils s'attablent durant de longues heures avec des auteurs (qui se demandent bien quel sera le moment où ils vont enfin parler « du » contrat d'édition. À la fin, mais vraiment toute fin du repas…)

On s'étonnera peut-être qu'il n'y ait aucune adresse dans le 14e; puérile, je boude encore l'affreuse tour. Je sais qu'il y a des coins sympathiques, mais ce sera pour le prochain guide… Et comme je sors peu dans les arrondissements excentrés, je n'ai pas ou peu d'adresses dans les 15e, 16e, 17e, 18e, 19e et 20e.

Avant votre départ

Vous pouvez préparer agréablement votre séjour en lisant des guides : *Le Petit futé, Le Guide du Routard,* les excellents *Promeneurs* de chez Parigramme. J'ai beaucoup aimé ceux de Bertrand Dreyfuss sur les 5e et 6e arrondissements. Quant à l'ouvrage de Louis-Bernard Robitaille *Et Dieu créa les Français,* il fourmille de très justes observations sur le comportement de ces derniers.

À Paris, n'achetez pas n'importe quel plan de la ville : il y en a un qui est formidable : il est rouge, pas trop épais et contient le répertoire des rues, les sens uniques, les métros et les RER (Réseau express régional), les circuits d'autobus et des renseignements divers. Il est édité aux éditions Courtarel et coûte 36 F.

Je vous suggère également le très sérieux livre de Jacques Hillairet, une bible concernant les promenades à caractère historique.

Et parce que ce sont des auteurs qui ont su merveilleusement parler de Paris : Émile Zola (surtout *La Fortune des Rougon* où on voit tout le travail du baron Haussmann, préfet de Paris sous le Second Empire) ; Alain Demouzon, connu pour ses romans policiers situés dans le 13e arrondissement, a commis un bijou sur son quartier : *Le Gendarme des barrières,* édité chez Patrice de Moncan dans la collection « Villes écrites », en 1993. C'est d'une grande finesse, et l'émotion y apparaît toujours en filigrane. Et des questions. Sur la ville. Sur la vie. Sur le temps qui passe. Sur l'art. Je mesure la chance que j'ai eue de connaître cet écrivain quand je me suis installée à Paris ! Il m'a fait voir notre arrondissement (puisque j'ai habité le 13e pendant quatre ans) avec les yeux du formidable promeneur qu'il est. Je l'en remercie.

Il faut aussi lire Jean-François Vilar qui situe ses romans entre Bastille et République. *Les Exagérés* est d'une construction admirable (paru aux Éditions du Seuil).

Hôtels

Pour les hôtels : il faut vraiment réserver d'avance si vous voyagez l'été. De même, à l'automne : Paris est envahi à cause des nombreux salons. Les Français qui viennent à l'hôtel lors de ces événements réservent parfois leur chambre six mois à l'avance.

À votre arrivée

Un taxi entre Roissy et le centre de Paris, c'est-à-dire le Châtelet : 250 F

Un taxi entre Orly et le Châtelet : 170 F

De Paris vers les aéroports : Air Taxi : 46.05.18.18, mais d'autres compagnies vont, bien sûr, à l'aéroport.

Roissybus : (jusqu'à Auber, près Opéra) : 40 F

RER Roissy-Les Halles (Châtelet) : 46 F

Orlybus (jusqu'à Denfert-Rochereau) : 30 F

Déplacements dans Paris

Sachez que vous devez toujours avoir avec vous une pièce d'identité ; on peut vous contrôler n'importe quand pour n'importe quel motif. Ne laissez donc pas votre passeport à l'hôtel ou chez des amis.

Le carnet de 10 billets de métro ou de bus coûte 46 F. Le forfait Paris-visite 1 jour coûte, lui, 30 F.

Il y a des bus de nuit, les Noctambus (on peut acheter ses 3 billets dans l'autobus), à partir de 1 h 30. Départ de Châtelet, toutes les heures, pour les directions suivantes :

A : La Défense
B : Mairie de Levallois
C : Mairie de Clichy
D : Mairie de Saint-Ouen
E : Église de Pantin
F : Mairie des Lilas
G : Mairie de Montreuil
H : Château de Vincennes

R : Kremlin-Bicêtre
J : Porte d'Orléans

Vous devez toujours conserver votre billet de métro, car il peut y avoir un contrôle. Ne le jetez qu'une fois à l'extérieur de la station de métro ou du bus.

Le soir, évitez la station de métro Les Halles où vous risquez de rencontrer des junkies. Passé 22 h, j'évite aussi les stations de métro où il y a de longs corridors entre deux correspondances, telles Montparnasse ou Charles-de-Gaulle. Pensez bus !

De même, dans ces stations, soyez vigilants : les pickpockets œuvrent souvent dans les lieux touristiques. Pour ma part, je me suis fait voler pendant une grève des métros ; comme il en passait un à l'heure, les métros étaient bondés : tandis qu'une femme me parlait, son complice me détroussait, mais je ne me suis aperçue de rien tellement nous étions tassés les uns contre les autres. Comme les grèves du transport (métro et train) sont fréquentes, faites gaffe !

Néanmoins, ne vous alarmez pas, car Paris n'est pas une ville dangereuse. En respectant les règles habituelles de sécurité, on peut y musarder l'âme tranquille.

Toutes les rames du RER ne desservent pas toutes les stations de la ligne. Vérifier sur le panneau indicateur où s'arrête le prochain train.

Si vous prenez le train, vous verrez certainement des écriteaux où on vous demandera de « composter » votre billet. Il s'agit tout simplement de le valider en insérant l'extrémité dans la machine prévue à cet effet qui se trouve sur le quai.

Taxis

De façon générale, les chauffeurs acceptent un quatrième passager, mais ils n'y sont pas obligés et vous devrez payer un supplément.

Si vous appelez un taxi, sachez que vous pouvez attendre une vingtaine de minutes avant d'obtenir une réponse, que cette réponse peut être négative — « non, il n'y a pas de taxi dans votre direction » — et que, si on vous dit que la voiture sera là dans dix minutes, c'est peut-être vrai, mais c'est mieux que vous descendiez tout de suite l'attendre... car ledit taxi facture la course dès qu'il reçoit votre appel : inutile de le payer à vous attendre !

Si vous le hélez dans la rue, un chauffeur est obligé de vous prendre à moins qu'il ne termine sa journée (30 minutes avant la fin de son travail) et que la destination que vous lui demandez l'éloigne de chez lui. Quant à le prouver...

Il existe trois tarifs, A, B, C, qui correspondent à la journée ou à la soirée ; à Paris, aux proches ou aux lointaines banlieues.

Le chauffeur s'attend à un pourboire qui doit correspondre à 10 % de la course.

Argent

Oui, Paris est cher ! Évitez de convertir sans cesse si vous voulez faire un beau voyage : c'est bien simple, c'est le double de ce qu'on paie au Québec...

Un des moyens — ils sont tous bons — de faire des économies, c'est de boire sa consommation debout au comptoir plutôt qu'« en salle ». C'est la moitié du prix, et vous avez moins de risques de coudoyer des touristes.

Société française de change : 21, rue Chanoinesse, 75004, tél. : 43.26.01.84. Un des meilleurs taux de la capitale, hyper bien située (derrière Notre-Dame), avec, de plus, un service courtois. L'adresse de mon copain Bruno qui fait souvent le change pour les clients de l'hôtel où il travaille.

Prenez des chèques de voyage en francs plutôt qu'en dollars ; vous les changerez plus aisément dans les banques.

Puisqu'il est question d'argent, je vous déconseille de façon générale de parler fric avec des Français ; c'est du dernier vulgaire.

Pourboires

Le service est compris sur l'addition dans les restaurants et les cafés, mais c'est sympathique de rajouter quelques pièces (50 centimes ou 1 franc pour une bière, environ 10 F pour une addition de 200 F). Le franc que vous donnerez au garçon sera un bon placement; il vous reconnaîtra quand vous retournerez au café.

Il y a encore quelques ouvreuses au cinéma : donnez 2 F, c'est le **seul** salaire de ces femmes.

Téléphone

Vous pouvez vous procurer des cartes téléphoniques dans les bureaux de tabac, les gares et les bureaux de poste.

Attention : la numérotation française va changer; au moment où vous lirez ces lignes, on devrait avoir ajouté 2 chiffres aux numéros parisiens (vraisemblablement le 01 pour précéder les numéros inscrits dans ce guide).

Il y a un service téléphonique de réveil et l'horloge parlante. Faites le *55*0700#heure.

Téléphone de Paris vers le Québec : 011.33.1. + code + numéro. Ou encore, il suffit de composer le 19-00-16 et une téléphoniste canadienne vous répondra gentiment et facturera l'appel à votre compte de téléphone au tarif de Bell Canada.

Tabac

On ne vend pas toujours et même plutôt rarement des cigarettes dans les restaurants (hormis les grandes brasseries), alors pensez à alimenter votre vice avant 20 h, heure de fermeture de la plupart des tabacs.

Il y a quelques restaurants qui ont des salles non-fumeurs, mais n'attendez pas un énorme respect des non-fumeurs dans les cafés ou les endroits publics si vous détestez la fumée : on aime toujours la gitane et la gauloise à Paris. Ça fait partie des odeurs, comme le diesel.

Alimentation

Si vous décidez de faire des économies et d'échapper aux prix exorbitants pratiqués par les restaurateurs, il y a plusieurs marchés dans Paris où vous pourrez vous acheter de quoi casser la croûte. Renseignez-vous à la boulangerie la plus près de votre hôtel, on vous indiquera à quel jour et à quel endroit se tient le marché de l'arrondissement. C'est moins cher, c'est très coloré, odorant, on y va avec chien et enfants ; une gentille bousculade est de rigueur. Chez les commerçants, vous avez tout à fait le droit de ne demander que 2 tranches de jambon au charcutier. Vous demandez le fromage en indiquant le poids (un camembert pèse environ 350 grammes) ou en montrant ce que vous voulez... On utilise beaucoup la livre au marché ; j'achète une livre de cerises et non 500 g. On peut acheter une *demi*-baguette.

Voici une liste d'épicerie faite dans un super-marché : les prix sont plus élevés au dépanneur du coin (qui ne ferme pas beaucoup plus tard que 22 h. Et qui ne s'appelle pas dépanneur... on parle de l'alimentation générale. Ou de « l'Arabe du coin ».) Quant aux marchés, c'est plus intéressant d'y aller en fin de matinée ; les commerçants veulent rapporter le minimum de stock et vendent à prix réduits.

Épicerie : 1 lb. de beurre : 13 F ; 1 litre de lait : 5,60 F ; 6 œufs : 9 F ; 1 pain tranché : 5,50 F ; 1 filet d'oignons : 5 F ; 4 tranches de jambon : 15 F ; 1 petite boîte de tomates : 2,70 F ; 50 cl de V-8 : 10 F ; 1 tablette de chocolat noir Poulain : 7 F ; 1 bout. huile d'olive 50 cl : 20 F.

Prix des « souvenirs » à l'aéroport :

Bouteille (70 cl) Poire : 115 F ; Mirabelle : 99 F ; Framboise : 115 F ; Poire dans la bouteille d'eau-de-vie : 195 F ; Courvoisier VSOP : 118 F ; Calvados Boulard VSOP : 157 F ; Foie gras truffé : 165 g : 159 F ; Foie gras : 210 g : 143 F ; Foie gras de canard : 200 g : 112 F.

Médecin

Diane Beaulieu d'Hivernois est une Québécoise qui travaille à Paris depuis des années. Son cabinet est situé au 20, rue Croix des Petits Champs (ne pas confondre avec la rue des Petits Champs) dans le 1er arrondissement. Tél. : 42.61.57.06. Il y a une **pharmacie** ouverte place Clichy 24 h sur 24 : 48.74.65.18 et aux Halles, 10, boul. de Sébastopol jusqu'à minuit : 42.72.03.23.

Voir Paris

Les bateaux-mouches

Incontournables! Il ne faut pas s'en priver sous prétexte que c'est très touristique. C'est la première chose à faire pour se situer dans Paris, pour comprendre le rôle de la Seine, pour démêler la rive droite de la gauche. C'est utile et vraiment agréable ; je dois en être à mon quinzième voyage. Je m'émerveille encore de la somptuosité du pont Alexandre III et je me remémore avec nostalgie l'emballage du Pont-Neuf par Christo en 1985 ; les drapés vermeils irisaient la Seine avec beaucoup de bonheur... et fournissaient un sujet de discussion formidable aux Parisiens qui devaient être *pour* ou *contre* le travestissement du Pont-Neuf.

Contentez-vous toutefois du simple parcours sous les ponts, les forfaits avec déjeuner ou dîner, les « croisières » sont des attrape-touristes, chers et sans grand intérêt.

Quai de l'Alma : 42.25.96.10.

Également, après avoir vu Paris de la Seine, contemplez-le d'en haut.

La Samaritaine
Magasin 2 - 10e étage
1, rue de la Monnaie, Métro Pont-Neuf

Je déteste les grands magasins, car ils me donnent très rapidement le tournis. C'est peut-être l'effet escompté par leurs concepteurs, puisque je finis par acheter n'importe quoi, au plus vite, pour fuir la foule avant d'avoir la nausée. Pourtant... il faut aller à la Samaritaine, car l'architecture du magasin 2 est remarquable ; les grands escaliers de style nouille, à la Guimard, d'une couleur qui oscille entre le vert d'eau et le vert-de-gris sont impressionnants et mènent à des fresques plus intéressantes que les robes, les vestons, les nappes et les parfums qu'on vend là comme ailleurs. On ne s'attarde pas, à moins d'aimer vraiment le shopping. On pense plutôt *Au bonheur des dames* de Zola avant de monter au 10e étage (par les ascenseurs — indication restaurants et panorama) où l'on peut jouir de la plus belle vue de Paris. Si, si, je ne ménage pas mes mots. J'aime bien monter en haut de la tour Eiffel, j'ai la plaisante illusion d'être un oiseau, mais je ne suis plus à Paris à 300 mètres d'altitude. Je trône, mes concitoyens sont des puces, tout est irréel. Du 10e étage de la Samar, en plein centre-ville, on entend encore les klaxons et parfois les cloches ou les orgues de Saint-Germain L'Auxerrois. On a l'impression qu'on peut toucher les toits du Louvre, attraper le bout du drapeau de la Samar, respirer l'odeur des cafés qui longent le quai Malaquais. La statue d'Henri IV acquiert dans cette perpective une royauté qu'on oublie quand on traverse le Pont-Neuf, et la fine structure du pont des Arts, si aérienne, rappelle les savantes constructions d'une toile d'araignée. Paris nous appartient ! Je ne doute pas de l'amour que M. Tailhandier portait à la capitale. Cet artiste a réalisé en 1929 une merveilleuse table d'orientation. En lave émaillée, sortie des usines de Saint-Martin dans le Puy de Dôme, la table est un bijou dans les teintes de Sienne, de parme, de sable, de nankin, d'amarante, d'indigo, c'est doux, lumineux et amusant : on apprend qu'on est à 3 100 mètres du Sacré-Cœur et à 1 385 kilomètres de Vienne, la statue du Vert-Galant est à 200 mètres, Londres à 446 kilomètres, Moscou à 3 024, et l'église Saint-Sulpice à moins d'un kilomètre. C'est aussi rageant : Beaubourg est encore plus laid, quasi apeurant avec ses tuyaux qui ressemblent à de sinistres longues-vues, et on constate que la vilaine tour Montparnasse a fait bien des petits… mais il suffit de se tourner vers la centenaire dame de fer qui lui livre une solide concurrence pour se réconcilier avec Paris…

En redescendant, tout près des ascenseurs, ne manquez pas de lire la vie édifiante d'Ernest Cognaq, le fondateur de la Samaritaine. C'est écrit comme un mélo… Sachez que le pauvre enfant né en 1839 a réussi, à force de détermination, à échapper à la fée « Pas de chance » et à triompher de l'adversité. Après mille petits boulots, après son mariage avec Louise Jay, première vendeuse au Bon Marché, c'est enfin le triomphe ; la première Samaritaine, ainsi nommée en souvenir d'une fontaine du Pont-Neuf, est le plus grand magasin à rayons de France… Le fondateur, un homme d'une grande piété doublé d'une grande bonté, consacrera une partie de sa fortune aux bonnes œuvres… Admirable, vraiment.

Magasinage

Je déteste faire du lèche-vitrine, je suis du genre fidèle à une ou à deux boutiques; ce sont donc des copines qui m'ont dit qu'elles fouinaient régulièrement chez les dégriffés (dont Cacharel et Chevignon) de la rue d'Alésia dans le 14e arrondissement et qu'elles faisaient de très bonnes affaires. Mais elles sont costaudes question magasinage; écumer vingt boutiques ne les effraie pas.

Rue Meslay: l'Imelda Marcos qui est tapie en moi s'exprime librement rue Meslay: il y a une douzaine de marchands de chaussures dans cette rue du 3e arrondissement, tout près de la Place de la République. J'apprécie particulièrement la gentillesse des commerçantes de chez Charles Karnier (au 27, rue Meslay, tél.: 42.72.18.83) où j'ai acheté des sandales de fantaisie qui sont *aussi* confortables. Du même côté de la rue, on trouve des chaussures Charles Jourdan très très soir à des prix raisonnables.

On peut aussi s'offrir des Bally de la saison précédente en allant chez Bally rue du Louvre, presque au coin de la rue de Rivoli.

Sorties

Vous trouverez tout ce qui concerne la vie culturelle de Paris dans le *Pariscope* ou *L'Officiel des spectacles* chez tous les marchands de journaux.

À éviter

La Périgourdine
Place Saint-Michel, côté quai des Grands-Augustins.

Je ne répéterai jamais assez que cet endroit bizarroïde est une des pires arnaques de la capitale. Je devais être sous l'emprise d'un mauvais sort quand je me suis dirigée vers ce resto-bar-cabaret. Tout est cher à Paris, on est bien d'accord, mais là… non seulement on paye, mais on doit supporter en plus un spectacle! Le soir où je m'y suis égarée, il y avait une chanteuse qui devrait plutôt songer à l'écriture si elle tient absolument à exprimer ses dons artistiques, c'est plus silencieux et moins dangereux ; je suis persuadée que ses voisins rêvent de la trucider. Les clients sont 1) ahuris avant d'être furieux de s'être fait posséder, 2) des habitués qui se contentent de vraiment peu, 3) des dragueurs caricaturaux cherchant l'oie blanche de province, 4) des touristes qui se feront une bien piètre idée de la capitale. À fuir absolument !

Les restaurants grecs
Près de la place Saint-Michel, rues de la Harpe, Saint-Séverin et de la Huchette, pullulent des restos grecs qui ne donnent aucune envie d'aller à Athènes pour en savoir plus long sur la cuisine grecque. Ils sont tous plus quelconques, pour ne pas dire mauvais, les uns que les autres, et les immenses brochettes qui traînent dans toutes les vitrines rapetissent étonnamment à la cuisson. Ajoutez de l'animation musicale vivante, c'est-à-dire un chanteur qui vous casse les oreilles, et la soirée est vraiment gâchée. Personnellement, je n'ai mangé que deux fois dans ce périmètre et je me promets de ne jamais recommencer : tous mes amis pourront témoigner que j'ai un foie en béton armé mais, en rentrant chez moi, après un dîner dans une de ces taverna, je voyais des éléphants violets danser au plafond de ma chambre !

Si vous avez envie de manger grec, il y a une bonne adresse à Paris : Mavromatis (voir 5ᵉ arr.)

Au cas où vous seriez assez fous pour acheter un animal durant votre séjour, ne « craquez » pas pour les pauvres bêtes qu'on vend quai de la Mégisserie ; les marchands ont une mauvaise réputation. Consultez plutôt les revues spécialisées avant de quitter le Québec ; vous pourrez ainsi rencontrer des éleveurs sérieux.

« Pourquoi faire simple quand on peut faire français ? »

N'oubliez jamais la devise des Parisiens. On complique à loisir dans la capitale. Emportez donc une dose de patience dans vos bagages ; on fait la queue au bureau de poste, à la gare, au tabac, à la boulangerie et à la banque.

Paris est une ville au rythme trépidant, et les adresses que je vous donne peuvent disparaître dans les prochains mois. Les prix peuvent varier, les menus également.

Vous visiterez peut-être Paris en août ; sachez que bien des commerces sont fermés (quasiment tous dès le 15 août). Attention également au mois de mai où les ponts (longues fins de semaine) se succèdent...

Il est donc toujours plus prudent de téléphoner avant de se rendre dans un restaurant ou une boutique recommandés dans ce livre.

Paris schlingue-t-il ?

J'ai cru opportun d'inclure dans ce guide (sous la forme de sigles discrets) quelques indications sur la propreté des vécés... Quelques expériences traumatisantes à la fin d'un repas où je demandais où étaient les toilettes — au fond de la cour, sous le porche, vous trouverez une cabane — m'ont appris qu'une femme avertie en vaut deux. Il y a beaucoup moins de toilettes turques qu'auparavant, mais certains établissements ont encore des efforts à faire. J'ai désigné par des pictogrammes mon appréciation des lieux quand, bien sûr, la nature m'a poussée à la curiosité.

1er ARRONDISSEMENT

Hôtel du Cygne

Plus central, tu meurs ! En plein cœur des Halles, entre les rues Saint-Denis et Pierre-Lescot, on s'étonne de trouver des chambres tranquilles dans un quartier aussi chaud où le touriste croisera plusieurs belles de jour et de nuit. Les Halles, c'est aussi punk et junkie près de la fontaine des Saints-Innocents. Je ne sais pas si c'est aussi calme la nuit, car j'ai visité l'hôtel à l'heure du déjeuner, mais j'ai été surprise de la relative quiétude des lieux. Serait-ce la coquetterie du petit salon attenant au hall d'entrée qui crée cette impression ? Ou le sourire du préposé à la réception ? On m'a offert avec gentillesse de visiter les chambres. La plupart sont équipées d'un coffre-fort, d'une télévision, d'un téléphone, d'un sèche-cheveux, de W.-C., d'une douche ou d'une baignoire. La décoration est terne, mais les lieux sont clairs et propres.

3, rue du Cygne
75001
42.60.14.16. Fax : 42.21.37.02

Chambre 1 pers. : 280 F (W.-C. et douche sur le palier) ou 375 F
Chambre 2 pers. : 395 F à 490 F (grande chambre)
Petit-déjeuner : 35 F
Lit supplémentaire pour enfant : 60 F

La Robe et le Palais

Il doit s'agir de la robe d'une princesse puisqu'on mange comme des rois dans ce restaurant situé derrière la place du Châtelet... Ma copine Florence était fière de me faire découvrir ce restaurant à vins où il vaut mieux réserver si l'on veut y déjeuner, car les avocats du palais de justice sont des fidèles qui ne font pas de procès mais un joyeux sort à ce que leur servent Olivier Schvirtz et Patrice Gras. Les clients s'installent avec curiosité puisque le menu change chaque jour. Ils optent pour la carte ou une des formules suivantes : entrée et plat ou plat et dessert pour 68 F ou entrée, plat et dessert pour 89 F. En ce jour de la Sainte-Amandine, on proposait la tartine de chèvre ou la salade de concombre à la menthe, le saucisson en brioche, la brandade aux deux poissons ou la salade estivale, et on offrait en dessert un gratin d'ananas ou une marmelade d'orange, miel et lavande. À la carte, les tartines de tapenade (28 F), le saumon mariné au citron vert (36 F) et le carpaccio de bœuf (45 F) me semblaient tous aussi appétissants. Il y avait un dos de saumon à l'unilatérale (85 F), une côte de bœuf à la moelle sauce au vin (180 F pour 2 pers.), mais j'ai choisi le thon poêlé au beurre d'orange et à la badiane et je m'en suis félicitée : le pavé de poisson était bien grillé mais fondant, et la sauce inusitée était vraiment savoureuse, en parfaite harmonie avec la chair du thon. Le thon était accompagné d'un éventail d'avocat couché sur des pâtes ; une tête de brocoli et une tête de chou-fleur décoraient l'assiette (88 F).

Florence, qui a un appétit révoltant (elle bouffe plus que moi et ne doit pas peser 50 kilos), a mangé avec un bonheur évident une fricassée de lotte au lard et aux champignons (85 F) avant de terminer mon plat et elle attendait le dessert avec impatience. Sa soupe de fruits rouges était très sapide, parfumée au girofle, à la menthe, aux baies de genièvre avec un soupçon de poivre. Elle était servie dans une jolie assiette fleurie, très pastorale. On nous a apporté ensuite des cafetières individuelles et Florence a profité du moment où je parlais avec le patron pour piquer tous les grains de chocolat qui se cachaient à travers les carrés de sucre blanc et roux...

On peut déguster des dizaines de crus au verre qui coûtent autour de 25 F : j'ai repéré (en 12 cl) un vin d'Alsace, un bourgogne aligoté, un côte-du-Jura, un chinon, un pouilly-sur-Loire, un jurançon, un bergerac, un médoc 1992. Les bouteilles se vendent à partir de 120 F, la coupe de champagne est à 32 F et les digestifs tournent autour de 40 F.

Dans un quartier où on a le choix entre une déprimante assiette anglaise et une salade fatiguée dans des attrape-touristes, La Robe et le Palais a quelque chose de rassurant. Même l'avocat du diable doit y dîner...

13, rue Lavandières Sainte-Opportune
75001
45.08.07.41

Chez Denise La Tour Montléry

Ambiance bistrot. Attention ! des Halles d'autrefois : boiseries, murs jaunis par la fumée des gauloises couverts de lithos, une vieille horloge qui sonne peut-être mais qu'on ne peut pas entendre dans le brouhaha et des banquettes rouges. Eh oui, il y en a partout des banquettes rouges, mais cette couleur suscite l'appétence, paraît-il. C'est nécessaire chez Denise car les portions ont été pensées voilà bien longtemps pour les travailleurs de force des Halles. Peter, qui m'a emmenée rue des Prouvaires, m'avait prévenue, mais tant qu'on n'a pas vu... C'est apeurant : si j'ai pris « seulement » six escargots (55 F) en entrée, qui étaient très bons, très persillés, la part de terrine (55 F) qu'a choisie Peter devait peser 300 grammes et l'assiette de charcuterie qu'attaquaient mes voisins aurait pu me faire deux ou trois repas... Venaient ensuite les brochettes de bœuf immenses — comme en Hongrie, *dixit* Peter —, avec oignons, poivrons et une assiette de frites (un peu molles, mais je n'en aurais pas mangé de toute manière) (110 F) qui m'ont toutefois paru modestes comparées à la côte de bœuf que j'ai vue passer au cours de la soirée. À vue de nez, elle devait peser plus d'une livre... pour deux. On a mangé très lentement parce qu'on avait beaucoup de plaisir à discuter dans ce cadre pourtant bruyant. Le temps aidant, j'ai réussi à prendre un dessert, des framboises à la crème (40 F), et à terminer la bouteille de brouilly (95 F). Mais je n'aurais pas été capable d'avaler un café (10 F).

Les garçons, qui ont de belles moustaches, travaillent dans cet établissement depuis une vingtaine d'années ; ils ont vu bien des vedettes s'attabler devant un onglet grillé (110 F), une andouillette (90 F), un haricot de mouton (110 F), un haddock beurre blanc (110 F), un saumon braisé à la moutarde (110 F) ou un bœuf gros sel (110 F), mais ils sont aussi charmants avec d'illustres inconnus. Le restaurant est très populaire, il faut donc réserver la veille (demandez la table 7, contre un mur, vous éviterez le coude-à-coude... du moins d'un côté) ou se présenter en espérant avoir la chance que des clients se décommanderont à la dernière minute.

5, rue des Prouvaires
75001
42.36.21.82

Ouvert 24 heures sur 24. Fermé le samedi et le dimanche et en août

Véro-Dodat

Incroyable mais vrai : un restaurant dont les prix ont baissé ! La formule d'antan à 138 F est maintenant à 105 F sans que le client en souffre... et le cadre est toujours aussi charmant. Les propriétaires ont décidé d'honorer les jardins du Palais-Royal situés tout près ; on a peint des trompe-l'œil sur les murs et de lourdes draperies de velours grenat et les lampes en pâte de verre à la Tiffany accentuent le côté « décor de théâtre ». C'est intime et en harmonie avec une situation enviée dans un des plus beaux passages de Paris. Le calme du passage Véro-Dodat inspire peut-être le chef qui concocte des plats empreints de douceur : aucune agressivité dans les saveurs, peu de piquant, peu d'acidité, des parfums amènes qui conviennent parfaitement à un déjeuner entre copines, des goûts intimes qui suscitent les confidences. Marie-Hélène a pris une assiette fraîcheur (germes de soja, haricots, fèves, carottes, laitue, champignons, concombre) qui l'a sûrement aidée à se remettre de son décalage horaire, ainsi qu'une côtelette d'agneau à l'ail doux qui était très tendre, cuite dans son jus. J'ai choisi la salade de gésiers qui se défaisaient aisément sous la fourchette et n'étaient pas trop gras. Quant à l'escalope de poulet rôti au miel d'acacia, elle était moelleuse mais bien équilibrée, le miel était plus un effluve, une impression qu'une affirmation trop sucrée. Cette assiette, comme toutes les autres, était garnie de petites parts de polenta, de lentilles du Puy, de quelques fèves vertes, d'une purée de pois de l'été, de lamelles de mangue et de courgette. J'ai failli imiter mon voisin et prendre la compote de rhubarbe et sa glace rhum-raisin, mais le praliné sauce anglaise m'intriguait : la texture était celle d'une mousse et n'avait rien du croquant que le « praliné » annonçait ; toutefois, le goût de noisette était très agréable. La crème brûlée, elle, respectait la tradition avec une cassonade cristallisée qui craquait sous la dent, mais la texture des œufs se rapprochait plus du soufflé que de la crème. Peu importe, c'était quand même bon.

Félicitons-nous donc de ce que les patrons soient rentrés de Toronto où ils ont œuvré durant plusieurs années et souhaitons qu'ils restent fidèles à la galerie Véro-Dodat.

19, galerie Véro-Dodat
75001
45.08.92.06

Entrée : 35 F Plat : 75 F Fromage : 35 F Dessert : 35 F
Bouteille de chinon : 95 F Saumur : 100 F (Il y en a de beaucoup plus chères.)
Un plus : du poivre au moulin sur toutes les tables

Fermé le dimanche et les jours fériés, et 2 semaines en août

Le Carpaccio

Quand j'ai besoin d'être réconfortée, rien ne me rassure davantage qu'une pizza; c'est énorme, c'est brûlant, c'est coloré, c'est gai. Mais encore faut-il qu'elle soit bonne. J'aime une pâte fine, quelques lamelles de jambon, des olives pour faire joli, de belles tomates et un fromage qui fond sans être élastique. Dans le quartier des Halles, on ne compte plus les pizzerias; je ne les ai pas toutes essayées, mais Le Carpaccio doit être une des meilleures. On peut y commander une reine, une margarita ou une calzone sans inquiétude; les produits sont frais, il y a beaucoup de débit car sa situation géographique (en face du forum) lui vaut bien des clients.

J'y suis allée après avoir dépensé une fortune à la FNAC (mais peut-on regretter d'acheter des livres?); c'est le mot « carpaccio » qui a éveillé la bête en moi. Ressemblerais-je aux personnages d'Anne Rice? La viande crue m'affole et je pourrais lire les pires articles sur la maladie du hamburger ou de la vache folle sans les comprendre. Quand on dépose devant moi les lamelles de bœuf tendre, disposées en éventail dans une grande assiette, je dois me faire violence pour ne pas commander une seconde portion. Je pense inévitablement à Monique, avec qui je partage ce goût pour le cru, viande ou poisson (elle m'a initiée aux sushis, je lui en serai toujours reconnaissante), et je me promets de l'emmener ici quand elle viendra à Paris, car elle appréciera sûrement la sauce qui accompagne notre viande. Toute simple, à l'huile, au poivron et au citron, elle convient admirablement au carpaccio qu'on peut coucher sur du pita tout chaud.

Je n'ai pas goûté aux plats de pâtes ni aux viandes car je ne sais pas résister à la pizza, mais mes voisins n'ont rien laissé dans leurs assiettes. Ils venaient de Tours et ils m'ont assurée qu'ils s'arrêtaient toujours au Carpaccio quand ils montaient à Paris.

Le décor est saumon, les banquettes sont noir et or, il y a des photos en noir et blanc des vedettes italiennes sur les murs, de grosses jarres de marinades au comptoir, le restaurant est vaste (environ 200 places) et un peu trop éclairé, mais il y a une section non-fumeurs qui est généralement respectée. Enfin, le serveur est un vrai Italien qui semble sortir d'un film d'Ettore Scola. Il ne m'a pas invitée au bal, mais il m'appelle *signorina,* c'est déjà beaucoup.

6, rue Pierre-Lescot
75001
45.88.44.88

Le Père Tranquille

On se donne souvent des rendez-vous à ce café avant de se faire une toile au forum des Halles. Je fréquente presque exclusivement les salles de cinéma du forum, surtout UGC car on y présente plusieurs films, et puis les salles sont bien équipées côté son et très confortables. Après m'être pâmée devant Al Pacino ou Daniel Auteuil, je retrouve les copains au Père Tranquille qui ne l'est pas tant que ça. Rien à signaler sur ce café sinon son site idéal et la gentillesse de Jean-Pierre La Gallec qui sourit aux touristes jusqu'à deux heures du mat'. Et c'est à la terrasse de ce café que mon copain Peter m'a expliqué qu'on n'appelle pas « bar américain » tout ce qui ferme tard la nuit. Le Père Tranquille, qui va se coucher à 2 heures de la nuit, est défini « licence 4 ». C'est moins drôle, non ?

Rue Pierre-Lescot
Face au forum des Halles

Thé glacé : 26 F Coca : 23 F Vittel : 23 F Café : 15 F Kir : 24 F Coupe de champagne : 49 F Verre de rosé : 20 F pour 12 cl Bière : 24 F pour 25 cl

Pas de supplément de prix après 22 h

Banana Café

Voici un bar gay dont j'ai déjà parlé à Radio-Canada. Pour avoir passé une soirée distrayante au Banana, j'en avais conclu que c'était une bonne adresse. Il est vrai qu'on s'y amuse, que les filles s'y sentent tout à fait à l'aise et que l'atmosphère est plutôt délirante. Mais... on n'y entre pas comme dans un moulin. Autrement dit, c'est à la tête du client. Quand j'y étais allée la première fois, j'étais avec Jean Rochette. Tout Montréal connaît mon grand ami, et probablement que les serveurs du Banana se souviendront de lui s'il y retourne dans dix ans. Jean est de ces êtres qui sont passionnés par les gens, qui voient leur verre toujours à moitié plein, qui rient beaucoup et qui pourraient vendre du couscous à Le Pen tant ils sont convaincants. Jean saurait communiquer avec une pierre si c'était amusant! Il n'a donc eu aucune difficulté à entrer. On a même eu le droit de le suivre.

Vous ne connaissez pas Jean? Alors espérons que vous êtes jeune et branché, ou riche ou extravagant, mais les cousins de province (de toutes les provinces de France et de Navarre) ont peu de chances de plaire au cerbère qui trie la clientèle. Je me demande encore comment j'ai réussi à passer le test cette année. À l'intérieur, c'est plutôt sympa, Catherine Lara s'y est beaucoup tenue. On jamme, on fait un bœuf, les clients chantent parfois.

13, rue de la Ferronnerie
75001
42.33.35.31

Un jour ou l'autre

Il y avait des trésors dans les tombeaux des anciens Égyptiens. C'est peut-être en pensant aux pharaons qu'on a ouvert tant de boutiques dans la pyramide de M. Pei. On trouvera les classiques reproductions des bijoux antiques et des œuvres d'art qui sont exposés au Louvre dans la boutique du musée, mais les curieux plongeront au cœur du triangle de verre à la recherche d'insolite, pousseront la porte d'Un jour ou l'autre, rencontreront Laetitia ou Rodolphe qui leur laisseront tout le loisir d'examiner leurs produits. Ils vous observeront du coin de l'œil en attendant que les fameux sacs à main de Betty Dumoulin vous fassent rire ou fondre de gagaïsme aigu... Comment résister à la coccinelle, à l'éléphant, au cochon, au chat, au scottish, au lapin ou à la vache que Ding et Dong n'auraient pas reniée ? Et ce château fort, rouge et noir, à tours et à créneaux est tout de même une mallette qui protégera vos papiers, vos stylos et votre maquillage. (450 F et +). Betty fait aussi des sacs miniatures destinés à votre ceinture et des porte-monnaie.

J'ai craqué... et tandis que j'adoptais une girafe, j'ai vu les montres à thème Akteo. Votre père joue au golf, votre meilleure amie est peintre, votre amoureux violoniste ? On a pensé à eux à Besançon, où sont fabriquées les montres. Rondes ou carrées, en couleurs ou en noir et blanc, les aiguilles révèlent votre passion : ainsi, une plume et un stylo indiquent les lettres de l'alphabet sur la mienne, car, bien sûr, je n'ai pas pu résister (autour de 500 F).

Il y avait aussi une bague en résine, au feuillage véronèse qui découvrait un cala... ou des petites roses à cliper sur les oreilles (150 F). Leur créateur Daniel Délary est français, comme Gilles Schmitt qui s'inspire des contes de fées pour ses broches et ses colliers : des chats musiciens, des serpents et des licornes gardent des pierres — philosophales ? On oscille entre le préraphaélisme et le merveilleux. Les parures en cristal et pierres du Rhin de Michelle de Montpellier n'ont toutefois rien d'ésotérique si ce n'est l'éclat mystérieux qui les égaie. Enfin, pour les amoureux de la nature, il y a des roses séchées et vernies à porter en pendentif ou en bracelet; il ne leur manque que le parfum!

Des écharpes en panne de velours à motif, des bérets marrants, des collants imprimés et des dizaines de petits bijoux surprenants vous décideront à revenir un jour ou l'autre...

Carrousel du Louvre
99, rue de Rivoli
40.20.07.58

Il pour l'homme

Je crois que mon ami Claude, qui s'est pris d'une passion pour le jardinage voilà quelques années, aurait envie de dévaliser cette boutique s'il y entrait. Je l'imagine très bien céder au jet d'eau en forme d'escargot (295 F) qui se plairait près du joli bassin de son jardin. Le cadran solaire (185 F), l'arrosoir victorien rétractable (520 F), les irrigateurs (65 F pour 2), l'hygromètre chanteur (95 F) combleraient tout homme en qui sommeille un horticulteur.

On a pensé aussi à ceux qui n'ont pas la main verte mais la main sûre pour déboucher de bonnes bouteilles de vin; il y a une belle collection de bouchons en étain

(85 F) et en bois (55 F). Claude, qui sait aussi bien recevoir que jardiner, apprécierait également les porte-couteaux, le casse-noix en forme de noix de Grenoble (135 F) et les fixe-nappe (75 F pour 4) qui remportent un beau succès cette année. Le sac à bûches (345 F) et le bas de porte (195 F) en tapisserie Jacquard m'auraient été bien utiles quand j'habitais rue des Remparts, où les courants d'air me faisaient parfois croire aux fantômes! Les motifs de la série tapisserie sont vraiment superbes : abécédaire, outil de jardin, faisan, coquillages, fleur de lys, canard, bord de mer, chats, Médicis. On trouve le même style de dessin ancien pour les tee-shirts (195 F), les chaussettes (125 F), les casquettes (155 F) et les chemises de nuit (270 F); les thèmes sont très écolos : arbres, poissons, bulbes, randonnée, nichoirs, mais aussi tasses de café, sommeliers ou anges.

Des gadgets faciles à rapporter? Les beaux couteaux (Laguiole et Opinel), les briquets, les fourchettes avec manche en forme de poisson ou de pince à homard (25 F), les nappes en plastique (195 F) ou les rideaux de douche (320 F) dessinés par des artistes italiens, bref une gamme de produits fort séduisante. Et qui me sera d'un grand secours à la fête des Pères!

209, rue Saint-Honoré
75001
42.60.43.56

68, rue de Grenelle
75007
45.44.98.27

La Vaissellerie

Ce n'est pas pour la vaisselle de porcelaine que j'ai retenu cette adresse, mais pour les gadgets typiquement parisiens : la baguette de pain devient un couteau à pain (60 F) ou à fromage (40 F), la bouteille de bordeaux se transforme en tire-bouchon (60 F), les colonnes Morris jouent les salières et les poivrières (150 F), les plateaux reproduisent les vitrines de Paris

(60 F) et les aimants (30 F) donnent une bonne idée du garde-manger des Français (saucisson, beurre, crème, pain, tartine, champagne, Orangina, confiture et croissants). Il y a aussi des sacs à pain (de 40 F à 70 F) et des coupoles (120 F) en paille antimouches très gaies avec de belles cerises rouges. Pour les distraits qui doivent tout noter, il y a des pense-bêtes imitant les si belles entrées de métro de M. Guimard. Ça ira très bien sur mon frigo...

332, rue Saint-Honoré
75001
42.60.64.50

Et : 80, boulevard Haussmann, 75008
85, rue de Rennes, 75006
79, rue Saint-Lazare, 75009
92, rue Saint-Antoine, 75004

Comptoir du Terroir

Une toute nouvelle boutique qui vend des produits traditionnels bien présentés ; l'espace est vaste, ordonné et le propriétaire est très sympa. Il est fier de ce qu'il offre, et avec raison. Les prix sont vraiment honnêtes et on trouve des curiosités dans cette boutique située près des Halles. Ainsi, je ne connaissais pas la farine de châtaigne, ni la confiture de lait aux noisettes (28 F), ni les marrons des Cévennes à l'anis (40 F), ni la pourpre de Saint-Pourçain (une sorte de moutarde). Par ailleurs, j'étais très contente de trouver du sel de Guérande (26 F les 180 g) et des salicornes en conserve : j'adore ces petits haricots de mer. Les tapenades vertes et noires (24 F les 200 g) sont onctueuses... je m'en délecte à la cuillère, mais j'en mets aussi dans une vinaigrette qui accompagne un rôti de bœuf froid*. Le foie gras (avec morceaux à 250 F les 400 g) me paraît

---

* 3 cuillerées d'huile d'olive, 1 cuillerée de vinaigre de vin rouge et 2 cuillerées de tapenade noire avec 1 oignon émincé. Faire mariner durant 6 heures la viande déjà cuite et tranchée finement. Servir avec du pain grillé frotté d'ail et une salade de tomates parsemée de pignons rôtis.

une excellente affaire, comme les soupes de poisson (entre 20 F et 30 F). Mon ami Jean est allé y faire quelques courses avant de rentrer à Montréal et il a montré beaucoup d'enthousiasme pour les eaux-de-vie, qui ont un excellent rapport qualité-prix, dit-il, et c'est vrai. C'est peut-être un peu plus cher qu'à l'aéroport (voir Renseignements), mais le choix est plus vaste : prune, poire, mirabelle, framboise, marc d'Auvergne, de Bourgogne, de Provence valent entre 140 F et 190 F et les crèmes de cassis, de fraise, d'abricot ou de myrtilles, entre 60 F et 90 F. Ajoutez que le Comptoir du Terroir est ouvert tous les jours : une boutique idéale pour les cadeaux de dernière minute !

5, rue Étienne-Marcel
75001
42.33.99.24

Cartes postales anciennes

Didier et Muriel, mes voisins, travaillent au forum des Halles depuis des années, qu'il vente ou qu'il pleuve, que le mercure indique 36 °C à l'ombre ou qu'il gèle. Ils ne veulent pas décevoir les collectionneurs de cartes postales qui viennent de tous les coins du pays pour alimenter leur passion. Il y a de quoi satisfaire les plus exigeants : tous les départements français sont représentés ainsi que les pays du monde, et les thèmes les plus divers trouvent preneur : le cirque, les chats, les bateaux, l'aviation, les gauloiseries, les angelots, les douaniers (si on en imprime à Mirabel, j'espère qu'on immortalisera le basset renifleur de saucisson), la montagne, la Noël, l'alphabet, les illustrateurs. Les cartes postales signées Hansi, Eliott ou Sager plaisent beaucoup aux touristes. Les moins demandées ? Les Pays-Bas et l'Angleterre... Mais les 60 000 cartes ne peuvent pas toutes plaire !

Didier et Muriel tiennent des cartes à partir des années 1900 ; j'ai vu ainsi une carte de la rue Sous-le-

Fort, à Québec, en très bon état. Voici une bonne adresse pour les férus de généalogie ; il y a sûrement des cartes originaires du patelin de vos ancêtres !

Entrée du forum des Halles
Rue Pierre-Lescot

Tricobel

Dans cette boutique sans prétention, les vêtements, qui ne sont pas tous d'une coupe impeccable, peuvent réserver les surprises tristement spécifiques aux tissus indiens... Je sais qu'on a ce qu'il faut comme pacotille au Québec et vous retrouverez sûrement certains modèles à Tricobel, mais vous pourrez y découvrir des tuniques aux imprimés charmants. La ligne Animale est marrante et confortable et les prix que pratique le grossiste vous permettent d'acheter des jupes ou des chemisiers de coton à meilleur compte que ceux que vous paieriez dans une boutique plus chic de la rue voisine. J'ai acheté une tunique noire (299 F) avec des motifs corail, vert d'eau et absinthe, je l'ai portée cinq jours par semaine et après tout un été de lavage (à l'eau froide mais dans la machine) le vêtement n'avait pas déteint ni rétréci de plus de un centimètre : que voilà un agréable miracle ! Aussi, si une canicule imprévue s'abat sur Paris, vous pourrez vous vêtir sans vous ruiner.

16, boulevard de Sébastopol
75001
48.87.95.81

Prix : de 50 F à 300 F

Geneviève Lethu

On me dira qu'il y a une boutique Geneviève Lethu à Montréal, au centre Eaton. C'est vrai. Malgré tout, je continue à choisir mes nappes provençales à Paris. C'est complètement idiot d'avoir l'impression qu'elles sont plus françaises parce que je les achète en France, mais je n'en suis pas à une contradiction près. J'aime particulièrement les boutiques des rues de Rivoli (au 91) ou de Rennes (au 95) ; on pense soleil quand on pousse la porte d'une boutique Geneviève Lethu. Les couleurs rivalisent de gaîté, les saphir bousculent les prune, les vermillon taquinent les turquoise, les safran flirtent avec les vert pomme. Les motifs s'en mêlent : les nappes se déclinent en vichy, avec motifs de champignons, d'olives, d'aubergines, de coquillages, de fleurs. En fait, tout ce qui rappelle la vie… pour embellir notre quotidien. (Et le simplifier : si j'aime tant ces nappes multicolores, c'est qu'une tache de curry ne les gâte pas !) Je suppose que Madame Geneviève était une petite fille gourmande. Treizième d'une famille de quatorze enfants, elle a perçu très tôt l'importance de la table et elle y consacre toute son énergie depuis 1972. Tout ce qui entoure ce lieu sacré où l'on partage les repas la passionne : du pot à lait en faïence au bouquet de roses séchées, de la carafe à la cocotte, du dessous-de-plat au napperon, du chandelier aux couverts, rien ne lui échappe… Pas même le livre de cuisine *Humeurs gourmandes* (éditions Robert Laffont).

6 magasins dans Paris (mon préféré : 91, rue de Rivoli)

Anna Joliet

Les trois petites notes de musique qui ont plié boutique dans la chanson de Colpi et Delerue ont sûrement trouvé refuge chez Anna Joliet, la bonne fée des boîtes à musique. Cette passionnée a ouvert en 1979 un minuscule magasin au Palais-Royal pour enchanter grands et petits. Les mélodies qui s'échappent de la rue de Beaujolais s'harmonisent délicieusement avec le ruissellement de la fontaine du jardin et les pépiements des oiseaux qui s'y baignent entre deux vols sous les arcades. La sérénité qui embaume les lieux vous pousse tout naturellement à chercher la mélodie qui en raviverait le souvenir, qui vous rappellerait comme l'air était doux, et bon, ce jour-là, cette année-là, dans ces allées fleuries-là.

Il y a des boîtes à musique de toutes les tailles, en noyer, en thuya, en palissandre, en verre, en sycomore, certaines se déguisent en coffret à bijoux, d'autres en manège ou en poupée. Fabriquées à Sainte-Croix, dans le Jura suisse, les boîtes séduisent tant par la modestie de leur magie que par leur infinie variété : *L'Eau vive* coule des jours heureux, se rappelant *Yesterday* ou *Edelweiss, Auprès de ma blonde* ou une chanson d'Yves Duteil. Les succès populaires ont donc leur place, mais c'est Mozart qui fait le plus d'adeptes, qu'il s'agisse d'*Une petite musique de nuit,* de *La Marche à la turque* ou de *La Flûte enchantée*. La sérénade des contes d'Hoffman ou les ballets de Tchaïkovski ont aussi leurs admirateurs, tout comme Lully, Bach, Schumann, Debussy, Pachelbel, Bellini, Chopin, Bizet, Strauss ou Verdi. Des amateurs fréquentent la boutique avec fidélité ; il y a les Japonais qui, étant les seuls avec les Suisses à fabriquer des boîtes à musique, sont curieux de connaître le travail de leurs collègues ; il y a les touristes qui découvrent l'oasis du Palais-Royal par un heureux hasard, les Parisiens qui envient le cardinal de Richelieu d'avoir habité ces murs, et les gens des théâtres voisins, les comédiens qui aiment autant rêver que faire rêver et qui succombent à l'enchantement des joyaux musicaux.

Rue de Beaujolais
75001
42.96.55.13

Prix : de 70 F à 10 000 F et +

Les parfums de Rosine

Peu de couturiers ont aimé les femmes comme Paul Poiret, puisqu'il les a libérées du corset. Cet homme de génie a dessiné des robes fluides, mouvantes, caressantes qui rappelaient la Schéhérazade des *Mille et Une Nuits*. J'ignorais que Poiret avait aussi créé des parfums : Marie-Hélène Rogeon, dont les ancêtres étaient parfumeurs, a voulu rendre hommage au grand homme en ouvrant une divine boutique au Palais-Royal. Pour tout dire, cette dernière incarne pour moi le charme, le chic parisien, la classe et la fantaisie sans le snobisme : on n'est pas gênés de pénétrer dans cette boutique aux murs fuchsia gansés d'or. Et Mme Rogeon n'est pas avare de renseignements sur ses parfums : si on a repris les noms imaginés en 1911 par Poiret, *La Rose de Rosine, La Coupe d'or* ou *Mea Culpa*, on a toutefois modifié leur composition initiale qui ne plairait plus aujourd'hui. Le nez, François Robert, fils du grand Guy Robert qui est à l'origine du *Calèche* d'Hermès, évoque délicieusement la magie du début du siècle sans la copier. Les fragrances sont joyeuses comme des éclats de rire ou des bulles de champagne, doucement tenaces, formidablement féminines. La dernière-née, baptisée tout simplement *Le Muguet*, est fraîche comme un brin de muguet après la pluie... on croirait entendre tinter les blanches clochettes !

Les bijoux de Philippe Ferrandif présentent la même harmonie : les larges bracelets à volutes serties de pierres vertes, roses ou ambre, les boucles d'oreilles en forme de roses ou les broches dorées expriment à la perfection l'esprit de Paul Poiret. Et je ne doute pas qu'il aurait volontiers convié Mme Rogeon aux fêtes somptueuses qu'il donnait sur des péniches.

Note : On peut trouver *La Rose de Rosine* chez Ogilvy à Montréal depuis peu, mais la magie opère mieux rue de Montpensier...

43, rue de Montpensier
75001 Paris

Prix : Eau de toilette : 50 ml : 280 F   100 ml : 390 F
Eau de parfum : 50 ml : 360 F   100 ml : 480 F

Kim Cachemire

Il faisait 27 °C quand je suis retournée chez Kim Cachemire pour voir s'il y avait encore des pulls à prix abordables. Je n'avais aucune envie d'essayer un vêtement d'hiver, mais je me suis fait violence... Les prix sont intéressants : les hommes peuvent choisir un chandail en cachemire d'Écosse ras du cou (1 100 F), à col cheminée (1 200 F) ou à col roulé (de 1 200 à 1 400 F). Les gilets coûtent autour de 1 800 F, mais on trouve également des pulls à 750 F et à 850 F. Pour les femmes, il y a les mêmes articles, mais aussi des pulls en mérinos (ras du cou : 300 F, gilet ou veste : 450 F). Les cardigans 100 % laine d'Écosse valent 475 F, et on trouve des pulls dans des imprimés pastel à 180 F et 200 F. Il y a également des tee-shirts, des cardigans en maille de soie autour de 350 F et des débardeurs à 150 F. Pour les personnes qui auraient envie de faire une folie, les écharpes mordorées en cachemire coûtent 920 F, les unies sont à 600 F.

Les coupes des tricots sont très simples, sans aucune fantaisie, mais il y a un bon choix de coloris, et le chandail aubergine que j'ai acheté voilà cinq ans à mon ami Gilles n'a pas trop vieilli.

Muriel et Judith sont souriantes ; n'hésitez pas à leur demander conseil. Vous visitez Paris par temps gris, humide et froid (de novembre à février) ? Voilà une bonne adresse pour vous réchauffer si vous n'avez pas apporté le nécessaire. Au cas où vous gèleriez un dimanche, vous pouvez passer chez Kim, c'est ouvert de 10 h 30 à 18 h.

91, rue de Rivoli
75001
42.60.22.14

2ᵉ ARRONDISSEMENT

Hôtel Vivienne

Si vous désirez être près à la fois des grands boulevards et des passages de Paris, l'hôtel Vivienne vous semblera bien situé et vous apprécierez sûrement l'accueil enjoué et dynamique. On m'a fait visiter sept ou huit chambres pour être certain que j'aurais une bonne idée de cette maison fondée au début du siècle. Une surprise d'abord, les chambres sont plutôt grandes ; on peut circuler sans se cogner les genoux contre les montants du lit ! Elles sont toutes équipées d'une télévision et d'un téléphone, même les moins chères, leur décoration est archisobre (murs beiges, moquette passée, mais on dort les yeux fermés, non ?) et plusieurs ont un balcon... Si, si, vous pouvez regarder les Parisiens courir contre la montre quelques étages plus bas (il y a un ascenseur) et je pense que je m'offrirais un pique-nique si je séjournais à l'hôtel. En écoutant des clients, j'ai vite compris que l'établissement comptait beaucoup d'habitués... qui redemandent les mêmes chambres chaque année. Les plus claires, les plus grandes. Normal...

La rue est passante, mais les fenêtres ont un double vitrage.

40, rue Vivienne
75002
42.33.13.26 Fax : 40.41.98.19

Chambre 1 ou 2 pers. avec douche : 350 F
Chambre 1 ou 2 pers. avec douche et W.-C. : 420 F
Chambre 1 ou 2 pers. avec bain et W.-C : 440 F
Petit-déjeuner : 40 F

Villages gourmands

Une minuscule boutique où l'on vend des produits régionaux : foie gras des Landes et du Périgord, rillettes, confits et tutti quanti, mais que je fréquente le plus souvent pour acheter un sandwich que je vais déguster dans les jardins du Palais-Royal. Les pains, miches, poilânes, croustades, baguettes sont toujours frais du jour, comme les produits qui composent les sandwiches. Il y en a au jambon : le Parisien, le Basque, le Lyonnais, le Périgourdin ou le gourmand (3 sortes de jambon, laitue, tomate, fromage : 25 F) ; aux crudités : le Vendéen (poulet, laitue, tomate : 23 F), le Brestois (thon, laitue, tomate), le Mixte (jambon, poulet, laitue, tomate, fromage : 25 F) ; aux produits du terroir : confits, rillettes (25 F), filets de canard fumé (28 F). Sans oublier les garnitures au fromage : gruyère, chèvre, brie, ni les « maritimes » : le Norway au saumon fumé, citron (34 F) et l'Athénien, au tarama (24 F). On est généreux quand on farcit les sandwiches et on vous les sert avec le sourire.

16, rue des Petits-Champs
75002
42.60.44.11

Jus, boissons gazeuses : de 8 F à 13 F

Le Grand Colbert

Le 23 mars 1665, Colbert nommait Jean Talon intendant en Nouvelle-France et démontrait une fois de plus sa sagacité. Le ministre de Louis XIV eut ainsi d'heureuses initiatives et le restaurant qui porte son nom lui fait honneur. Quel oasis de confort que cette très parisienne brasserie où l'on oublie le brouhaha, les chichis et la prétention de certaines grandes maisons ! L'accueil est amène, le service attentif sans jamais être obséquieux ; pour tout dire, il s'harmonise avec le décor du début du siècle. On respecte le client, on s'efforce de prévenir ses désirs. J'ai peut-être du goût pour l'obsolète, mais j'assume ma ringardise si cela veut dire que j'apprécie la politesse et la courtoisie comme la patine du zinc, les cuivres bien astiqués, les hauts miroirs, les beaux cuirs, la mosaïque des planchers et l'espace bienvenu entre chaque table. Même à midi, au moment du coup de feu, on n'a pas à élever la voix pour se faire entendre. On peut toutefois écouter la conversation de ses voisins... des habitués, bien sûr, qui apprécient que le menu change régulièrement sans se départir de son classicisme.

C'est la cuisine de l'honnête homme : croustillant de chèvre chaud, haricots verts et foie gras, terrine de saumon tiède sauce ciboulette, poêlon de morilles à la crème, salade de museau lyonnaise. Les entrées sont copieuses mais tous les clients en prennent pourtant et terminent le plat principal, qu'il s'agisse du filet de canard à l'orange, du tartare de bœuf, de la choucroute à l'alsacienne, des sardines rôties (accompagnées de tartines de tapenade, un péché !), du saint-pierre à l'oseille, de la brandade de morue nîmoise ou d'une coquille Saint-Jacques aussi tendre que dodue s'ébattant dans un ruban de pâtes. On propose les fromages... sûrement bons, mais une superbe île flottante dérive vers nous ; on se dit que ce ne sont que des blancs d'œufs et un peu d'air, que c'est léger et que ça passera tout seul avec un petit café.

Il semble, alors qu'on s'arrache difficilement à tant de plaisante quiétude, que le portrait de M. Colbert sourit de contentement. Il peut être fier de hanter ces lieux... Si vous ne vous offrez qu'une « grande » soirée à Paris, n'hésitez pas à découvrir la maison de Joël Fleury. J'ai des amis qui ont tellement aimé qu'ils y sont allés trois fois durant leur séjour. C'est vraiment une des meilleures adresses de ce guide.

Prix : Entrées entre 40 F et 80 F, plats entre 85 F et 125 F, mais il y a un menu très intéressant à 155 F comprenant entrée, plat, dessert et café. J'ai goûté une terrine de saumon qui fondait dans la bouche et un confit de canard à la peau croustillante couché sur un lit de pommes de terre sautées à l'ail. Les vins sont un petit peu chers, mais Colbert n'était-il pas ministre des Finances ?

Note : Pour les intrépides qui n'hésitent pas à conduire dans Paris, il y a un service de voiturier le soir.

4, rue Vivienne

75002
42.86.87.88

Postcards

Je l'imagine difficilement, mais, dans une vie antérieure, je devais être chanteuse dans un cabaret pour aimer les paillettes à ce point ! Il paraît que c'est quétaine. Je m'en fous. J'ai toujours adoré ces petites pastilles brillantes qui illuminent le tissu le plus sobre. Quand j'avais douze ans, mon père m'avait déniché chez un antiquaire une robe en paillettes bleu outremer que j'ai portée sans attendre les occasions… J'avais l'impression d'être une star, même toute seule dans ma chambre. La jeune fille qui me regardait dans le miroir avait, à mon avis, beaucoup d'allure. Je n'allais pas jusqu'à me comparer à Marlène Dietrich, mais ces paillettes qui ruisselaient contre mon cou étaient magiques et me faisaient oublier ces horribles doutes inhérents à l'adolescence : pourrais-je plaire un jour ? M'aimerait-on ? Qui ? Quand ? Bientôt ?

Les paillettes exercent encore leur fascination, et si j'ai renoncé à la scène pour l'écriture, je n'ai pas renié mes premières amours. Chez Postcards, on ne trouve pas de froufroutantes robes du soir, mais de longs tee-shirts ou sweat-shirts, des tuniques, des chemisiers brodés de motifs éblouissants. Les thèmes sont très variés : la mode, les vendanges, la couture, les appareils ménagers, le cirque, la jungle, la plage, le Mexique, les fruits. Le plus amusant est peut-être le hamburger aux couleurs vives sur fond noir. Ou sur fond rouge, jaune ou vert... Les mêmes broderies se présentent en différentes couleurs sur différents tons. N'hésitez pas à vous informer si les moissons aux dominantes bourgogne sur une tunique paille vous plairaient en orangé sur fond bleu.

La proprio est très sympa, disponible sans être pressante ; l'idéale !

56, rue Vivienne
75002
42.60.57.85

La Cave honfleuraise

La boutique est moins fleurie qu'une des plus jolies villes de France, mais les calvados sèmeront sûrement des poèmes dans votre cœur. Cette maison est vouée à l'élixir normand : 80 qualités s'alignent contre les murs de bois. Adrien Camut, Isidore et Roger Lemorton, Marcel Breton, Philippe Mauger, Roger Groult, François Gontier sont tous des producteurs de calvados. Souples, complexes, puissants, aux riches arômes, leurs calvados sont enchanteurs. Et inconnus de la plupart d'entre nous ; il faut demander conseil à Denis, qui saura vous conter les saveurs vanillées d'un Saveus et la rondeur d'un Jacques Serre. On trouve rue Sainte-Anne des millésimes à partir de 1922 et on personnalise les bouteilles sur demande. Il y a également du cidre et des produits dérivés de la pomme, des confitures et du miel qui auraient sûrement plu à Adam et Ève.

Les prix vont (pour 70 cl) de 126 F à 1 295 F (Réserve ancestrale Roger Groult).

50, rue Sainte-Anne
75002
40.20.00.88

3ᵉ ARRONDISSEMENT

Hôtel du Vieux Saule

Il n'y a ni roses de Picardie ni vieux saule dans le faux jardin de cet hôtel, mais le décor un peu kitsch est compensé par un réel confort. Hormis sa très intéressante situation géographique, cet hôtel n'a aucun cachet historique. Il y a bien quelques murs de pierre, mais les chambres sont totalement impersonnelles... Cela dit, après avoir profité toute la journée du romantisme parisien, le confort américain est plutôt apprécié : les chambres disposent *toutes* d'un téléphone, d'une télévision, de la radio, d'une horloge, d'un coffre-fort, d'un sèche-cheveux, d'un presse-pantalon et d'un fer à repasser ! Il y a également un sauna à la disposition de la clientèle et un stationnement (payant). De quoi régler bien des problèmes et dormir tranquille !

On m'a témoigné beaucoup de gentillesse et de patience quand j'ai visité l'hôtel. On m'a assuré que les voyageurs peuvent déposer leurs bagages avant midi (heure à laquelle les chambres se libèrent) s'ils arrivent tôt de l'aéroport et qu'on gardera évidemment les bagages d'un client qui veut jouir de son après-midi sans être encombré après avoir réglé sa chambre. Pour ceux qui regretteront qu'il n'y ait pas de bar dans les chambres, sachez qu'on vous servira à la réception des boissons fraîches, de la bière (20 F le 50 cl de Bavaria) ou du champagne (60 F la demi-bouteille) quand vous le désirerez. Deux chambres au rez-de-chaussée facilitent le séjour des personnes handicapées. De cet hôtel qui est près de la place des Vosges, on peut se rendre à pied à la Bastille, à la

République, aux Halles, mais quand on rentre épuisé, le sommeil n'est pas troublé par les bruits de la ville : la rue de Picardie est une rue bien tranquille.

6, rue de Picardie
75003
42.72.01.14

Prix : *chambre 1 pers. avec douche, W.-C. : 370 F*
　chambre 1 ou 2 pers. avec douche, W.-C. : 1 pers. : 430 F ; 2 pers. : 460 F
　chambre 1 ou 2 pers. avec bain, W.-C. : 1 pers. : 460 F ; 2 pers. : 490 F
Petit-déjeuner buffet : 45 F

Auberge Nicolas Flamel

Aux abords du Sentier, le quartier de la fripe, se trouve la plus ancienne auberge de Paris ; elle fut édifiée en 1407 par Nicolas Flamel, calligraphe, dessinateur, libraire, enlumineur et, pour certains, alchimiste. Ce surdoué était d'une grande bonté : s'il habitait dans l'ancienne rue Marivaux, il louait les étages inférieurs de sa maison de la rue de Montmorency et logeait les pauvres gens aux derniers étages. Est-ce son esprit qui hante gentiment les lieux ? Personne n'a encore trouvé la pierre philosophale, mais Nathan Hercberg, qui a fait renaître l'établissement, a des allures de magicien. Si Obélix est tombé dans la potion magique, Nathan doit avoir chu dans un bain de champagne et de confettis. Ancien organisateur des soirées aux Bains (boîte très *in*), producteur de rock, chanteur et bientôt écrivain, Nathan se plaît à offrir à ses clients un lieu où se restaurer en devisant dans un cadre agrémenté de boiseries et de fauteuils Louis XVI. Comme Nathan n'est pas du genre à s'enraciner dans des habitudes, le menu change régulièrement ; Laurent Delcros mitonne aussi bien la timbale de cèpes à la forestière que la raviole au fromage, la charlotte de thon en écailles de chorizo, le médaillon de volaille farci aux noisettes ou le filet de bœuf à la ficelle. Une constante : le gigot de sept heures… et le gâteau de chocolat mi-cuit qui réjouit tous les cacaophiles. Pour les plus sages, la crème brûlée et les gratins de fruits rappellent les desserts de nos chères mères.

L'Auberge Nicolas Flamel a fait une recherche œnologique très sérieuse. Ainsi, on peut boire un Maître d'Estournel 1993 à 120 F, mais Nathan Hercberg fréquente les enchères de Drouot et réussit à proposer à ses clients un Château Grand-Puy Ducasse 1981 à 320 F, un pommard 1986 à 280 F. Il y avait même un charmes-chambertin 1961 à 580 F quand j'y suis allée. Il aura peut-être disparu depuis, mais d'autres crus sauront vous enchanter. Bien sûr, on ne déguste pas ces élixirs tous les jours, mais on chuchote pourtant que la cave de l'auberge offre un des meilleurs rapports qualité-prix de Paris...

Pour les amateurs de théâtre, on donne tous les lundis une représentation et les mercredis soir résonnent des airs de bal-musette, de java et de musique classique, quand le maître des lieux ne chante pas le blues...

Et si vous avez besoin de tuyaux question tendances et ambiances à Paris au moment où vous y serez (la semaine même, voire l'heure!), personne ne saurait mieux vous conseiller que Nathan Hercberg, le roi des nuits branchées.

51, rue de Montmorency
75003
42.71.77.78

Entrées : de 40 F à 48 F
Plats : de 78 F à 94 F
Desserts : de 35 F à 42 F

Le Jardin d'à côté

Quand mon amie Francine est venue me rendre visite, je voulais essayer un nouveau restaurant avec elle afin que nous ayons ensemble le plaisir de la découverte. En ce Jardin du 3ᵉ arrondissement, il ne pousse pas de légumes, ni d'iris ou de violettes (sauf en soie), mais les rires des clients virevoltent comme les branches d'une bougainvillée. Comment en serait-il autrement? Les deux formules concoctées par Alain et Robert, les hôtes, sont très satisfaisantes : pour 88 F, on vous offre une salade aux lardons, une soupe de poisson ou une flamiche aux poireaux en entrée, un faux-filet grillé, un émincé de bœuf au poivre vert ou une escalope de loup sauce crevettes comme plat, suivis d'un fromage ou d'un dessert. Pour 180 F, j'en connais peu qui résisteraient au foie gras ou à la coquille Saint-Jacques au gratin, mais le choix est plus ardu ensuite : pavé de bœuf sauce landaise, onglet à l'échalote, médaillon de veau à la provençale, saumon au basilic, filet de rouget à la marseillaise, ou aile de raie meunière ? Le fromage et le dessert sont inclus, ainsi qu'une demi-bouteille de bordeaux et un café, sans oublier le cocktail apéritif. La curiosité m'a poussée à goûter, à la carte, aux noisettes de bœuf en profiteroles : la viande était cachée dans d'énormes choux nappés d'une sauce parfumée aux champignons... Cette spécialité de la maison a plu autant à Francine qu'à moi, mais ce qui nous a charmées par-dessus tout, c'est la gentillesse d'Alain. Vraiment très gai, dans tous les sens du terme : son humour ravageur et son plaisir évident à nous recevoir contredisent tout ce qu'on a pu dire du mauvais caractère des Parisiens.

Un petit plus : des serviettes de tissu individuelles pour s'essuyer les mains aux toilettes.

64, rue Charlot
75003
48.04.01.01

Batifol

Des murs champagne, des photos de jazzmen, des banquettes de cuir, une atmosphère de saine agitation... on réussit à ne pas vous bousculer même si on court entre la cuisine et la salle avec des plats qui se veulent lourds de la tradition d'antan. C'est plutôt réussi : quoi de plus réconfortant qu'un hachis parmentier — mais ici, on le fait gratiner et c'est bien meilleur — quand le temps est maussade ou frais ou qu'on s'ennuie de notre pâté chinois national ?

Tous les plats relèvent du même esprit : copieux pot-au-feu, tartare et frites, pavé au poivre, cervelle et langue sauce ravigote, ce qui ne m'empêche pas de prendre des os à moelle en entrée. C'est atrocement gras et riche, je sais, mais irrésistiblement… moelleux. Pour les plus sages, il y a des salades au crottin de Chavignol ou aux gésiers, la frisée aux lardons, une tomate-mozzarella, la tarte à l'oignon, l'assiette jardinière ou la soupe de poisson. Mon amie Michèle, avec qui je déjeune souvent au Batifol de la place de la République, se sacrifie souvent pour partager lesdits os avec moi ou la douzaine d'escargots afin que j'aie assez bonne conscience à l'heure du dessert. Que nous partageons également : ce n'est pas tant par amitié que par instinct de survie. L'éclair est géant (au moins 25 cm), les profiteroles n'ont rien à leur envier et on peut se servir de mousse au chocolat à volonté.

Une petite tisane avec ça ?

On dit que plusieurs plats de cette chaîne de restaurants sont préparés industriellement, sous vide, et même par ordinateur… En tout cas, l'efficacité et l'amabilité des employés ne seront jamais robotisables d'un Batifol à l'autre. J'ai un attachement pour celui de la République (entrées boulevard Saint-Martin et rue Meslay), où l'accueil est toujours agréable. De plus, les garçons sont plutôt beaux… Il y a des plats au menu qui changent chaque jour.

Chaîne : 20 restaurants sur Paris et banlieue

Entrées : de 30 F à 40 F
Plats : de 55 F à 74 F
Vins : pichets de 46 cl à partir de 30 F

La Taverne République

Ouverte depuis cinq ans, cette taverne belge est toujours très animée, hiver comme été ; c'est même moins bruyant en terrasse : c'est dire l'ambiance qui règne à l'intérieur… On peut y manger des moules marinière, à la crème, à la gueuze, à la kriek ou au curry, une salade au poulet, auvergnate, niçoise ou campagnarde, un hamburger, de l'andouillette ou de la choucroute, mais personnellement, j'y vais pour boire le dernier verre avant de rentrer. Je ne désespère pas de parfaire ma culture houblonesque au fil des soirées à « Répu », même si, bien évidemment, je n'ai pas goûté toutes les bières qu'on y propose : il y en a 180 sortes à la bouteille, et 15 à la pression ! L'Adelscott et la Desperados (à la téquila) ont beaucoup de succès en ce moment, mais la Guinness, la Leffe, la Spaten Brau, la Pécheresse ont leurs partisans. Il y a des menus dégustation de bière pour les curieux. Et, pour ceux qui auraient le mal du pays, de la Labatt, de la Blanche de Chambly, de la Raftman et de la Maudite… Mais ça m'étonnerait qu'un compatriote reste mélancolique plus de cinq minutes à la taverne : Roland, Patrice, Arnaud, Jacquot, Youyou, Patrick et Laurent (j'espère que je n'oublie personne) sont plutôt jolis garçons et toujours de bonne humeur, même à 2 heures du matin quand ils doivent pousser les derniers clients vers un taxi. (Coup de bol : il y a justement une station en face de l'établissement pour les clients qui auraient bu plus d'un formidable.) Plusieurs rentrent toutefois à pied car la Taverne République a ses habitués du quartier ; je me suis bien marrée avec une mère, sa fille et son gendre qui disputaient une partie de scrabble en terrasse. Ils étaient curieux de mon accent, je voulais bien aider ma voisine à placer *w, o, g, x*… mais j'ai fini ma bière avant de trouver la solution. Atmosphère vraiment sympa !

5, place de la République
75003
42.78.50.86

Entrées : de 23 F à 50 F
Plats : de 46 F à 85 F
Bières : 25 cl de Carlsberg à 21 F, 50 cl à 44 F et 100 cl à 83 F
Dégustation : 6 variétés : 86 F, 10 variétés : 130 F

Les prix sont majorés de 4 F sur les bières pression après 22 heures.

L'Apparemment Café

Le musée Picasso est tout près ; pour les amateurs qui auraient envie de potasser le sujet avant la visite, les fauteuils de L'Apparemment Café incitent à la lecture. Et à la paresse. J'ai ainsi abandonné le projet d'une visite culturelle pour continuer à bavarder avec une copine dans ce café où l'on se sent chez soi, et pas seulement en apparence. Les boiseries, la pierre, les vieux meubles, les tableaux anciens, les lumières tamisées créent une atmosphère d'intimité excessivement rare à Paris. C'est douillet comme un nid et les becquées se font salades, quiches, sandwiches… Il y a des jeux, des revues, on traîne, on sirote des cocktails et on revient le lendemain.

18, rue Coutures-Saint-Gervais
75003
48.87.12.22

Jusqu'à 2 heures, sauf le dimanche jusqu'à minuit

Sandwiches le midi : de 42 F à 48 F
Quiches le midi : 38 F
Salades : de 45 F à 55 F
Le soir : Assiettes : de 45 F à 75 F Quiches : 48 F Desserts : 28 F Cocktails : de 40 F à 55 F

Entrée des Artistes

J'ai été attirée par les sorcières qui volaient dans la vitrine, mais les fans de cinéma connaissent depuis longtemps cette adresse où l'on trouve des affiches de films récentes ou anciennes, des photos des artistes de chaque époque, en noir et blanc ou en couleurs, des cartes postales, des revues et des livres sur tous les sujets qui concernent le septième art. On peut même commander des titres rares ; le propriétaire est un pro dans le domaine et a toutes sortes de tuyaux pour exaucer le vœu d'un client. Les quelques automates qui habitent la boutique pourraient nous faire croire aux contes de fées. Ces très beaux personnages sont vêtus de costumes de velours et de soie brodés de perles anciennes, parés de vieilles dentelles que Jean-Pierre Camus doit avoir dénichés dans une malle ayant appartenu à Blanche-Neige. L'artiste privilégie la mécanique de Sainte-Croix, alliant ainsi la rigueur suisse à la fantaisie française. Ses automates sont moins des jouets que des œuvres d'art mystérieuses et séduisantes (de 5 000 F à 15 000 F). Il y a cependant des marionnettes beaucoup plus modiques qui peuvent plaire à des enfants (250 F). Les masques italiens de cuir (750 F) ou de papier mâché (280 F), très classiques, inquiéteront peut-être les petits tant ils sont expressifs, très commedia dell'arte.

161, rue Saint-Martin
75003
48.87.78.58

Anne-Marie Pignaud

Anne-Marie Pignaud est peintre, mais elle est trop timide pour exposer, même si elle promet que ça ne saurait tarder. Elle est heureusement moins gênée en ce qui concerne ses bijoux, ses miroirs décorés, ses boîtes et ses peignes. Je courais à un rendez-vous galant quand j'ai vu pour la première fois les colliers d'Anne-Marie ; je me suis tout de même arrêtée, car le bleu « Pignaud » était si intense qu'il éclairait toute la vitrine. On aurait dit que la mer faisait l'école buissonnière rue Rambuteau. L'artiste s'est depuis installée au passage Molière, si charmant, où le temps semble s'étirer comme les rayons du soleil que captent les boucles d'oreilles en verre soufflé à l'italienne (420 F). Saupoudrées ensuite d'or, ces parures translucides donnent envie de partir pour Venise, mais les clips créés au moyen d'anciens boutons ou fabriqués avec une pâte spéciale moulée sur des objets insolites ont un esprit très français, chic et choc, et les broches en plexiglas, aériennes mais colorées comme des arcs-en-ciel, iront tout aussi bien sur une robe du soir que sur un pull de laine. Anne-Marie Pignaud est une perfectionniste ; elle décore les tranches de ses miroirs et peint recto verso les boucles d'oreilles. Les pièces se ressemblent, mais pas deux ne sont absolument pareilles puisqu'elles sont toutes faites à la main par l'artiste. Cette dernière vous accueille comme si elle avait la vie devant elle, ou du moins tout l'après-midi pour bavarder avec vous ; on a plus l'impression d'être dans une galerie que dans une boutique. Un copain vient jaser, une autre artiste pousse la porte : est-ce l'associée qui vend une très jolie vaisselle, douce à l'œil et au toucher ?

J'ai poursuivi mon chemin en m'arrêtant ensuite dans les galeries avoisinantes (la rue Molière en compte plusieurs), peu pressée de regagner la civilisation grouillante du quartier de l'Horloge.

20, passage Molière
75003

Cadres : 345 F et + Boîtes à bijoux : 750 F Bijoux : de 95 F à 500 F
Peignes : 225 F Épingles : 125 F Bracelets : 195 F et +
Broches en plexiglas : 175 F et +

Nickel

Cette toute nouvelle boutique porte bien son nom ; c'est vraiment nickel ! Et aéré : on a une impression d'espace, ce qui est agréable et rare à Paris. Je n'ai pas bénéficié des soins qu'on offre chez Nickel puisque l'endroit est réservé aux hommes, mais trois copains m'ont parlé de ce salon, alors, voilà, je fais la pub. Il paraît que c'est formidable de se faire raser (55 F) et certains clients ont un abonnement, mais on s'occupe aussi des pieds (90 F) des messieurs, on épile les jambes des cyclistes (160 F), le dos des nageurs (140 F), le torse des boxeurs (140 F). Les clients peuvent bronzer (35 F les 10 minutes), se faire masser (relaxant 1 heure : 260 F), se faire teindre les cils et les sourcils (120 F), faire nettoyer leur peau (140 F).

Il ne me reste plus qu'à ouvrir un café en face...

48, rue des Francs-Bourgeois
75003
42.77.41.10

Silver Moon

Ce n'est pas par paresse que je parle ici de Silver Moon, qui est voisin de Nickel, mais parce que mon copain François m'a confié qu'il achetait tous les cadeaux pour sa blonde dans cette boutique. Il a raison : Sylvie est adorable, patiente, de bon conseil, et toute l'équipe lui ressemble ! On trouve tous les parfums (sauf Guerlain qui s'entête à ne vendre ses produits que chez Guerlain), les maquillages, les soins pour le corps. Et ils sont souvent moins chers que dans les grands magasins. Mais même si ces produits étaient plus coûteux, je continuerais d'aller chez Silver Moon tant l'accueil est formidable.

46, rue des Francs-Bourgeois
75003
42.77.38.44

Callisto

J'étais allée voir, rue Malher, si l'hôtel de Sévigné était accueillant. C'est à peine si on a daigné lever la tête quand je me suis présentée à la réception pour prendre des renseignements. J'étais donc furieuse d'avoir été mal conseillée et je le serais restée au moins dix minutes si je n'avais pas remarqué un joli sac à main dans une toute petite boutique située dans une toute petite rue. Souriante, la propriétaire m'a expliqué qu'elle réalise elle-même ces sacs. Fabriqués avec de riches tissus d'ameublement, ornés d'une belle boucle en velours, les modèles varient au gré de leur créatrice. Elle appliquera des anémones, des perles et du feuillage durant l'été sur des sacs couleur de lin, mais l'hiver sera gai avec des motifs *paisley* vieil or et noir, des soies profondes et des cordons satinés. On peut se procurer les gants, où l'on rappelle le motif du sac, pour compléter l'effet (sacs : de 250 F à 300 F, gants : 150 F). Ninon de Lenclos, qui habita cette rue, aurait sûrement apprécié la féminité de ces ensembles.

On trouve aussi des objets en marqueterie, des pendules aux bois teints forêt, bourgogne ou marine avec des incrustations de fleurs séchées, des bagues en résine à motifs floraux (150 F), des broches en étain doré en forme d'animaux ainsi que les épingles en bakélite de Marie-Christine Pavane, qui doit bien aimer les chats pour les rêver en de si lumineuses couleurs (350 F). Enfin, les tee-shirts où dansent des Bretons ou des Provençaux sont plus originaux que ceux qu'on trouve au pied de la tour Eiffel... Respectant les touristes, la propriétaire se flatte de ne vendre que des produits 100 % français.

16, rue Elzévir
75003
42.78.36.56

Regan Weber

Décidément, cette rue qui fut ouverte en même temps que la place des Vosges au début du XVIIe siècle est courte, mais la valeur n'attend pas le nombre de numéros de portes : entre les bougies et les Laguiole, on trouve des pendules résolument originales chez Éric Weber et Oonah Regan. Tous deux sculpteurs, ils joignent l'utile au ludique en réalisant des pendules, des meubles, des appliques murales. On pense au Manège enchanté. Tournicoti, touuuurnicoton, voici une lune en zinc et son balancier de cuivre en forme de bateau, une pieuvre, un crabe, une baleine et ses sirènes, un éléphant, une tortue, un escargot de laiton, un bateau aux couleurs fortes, un cœur qui ne se brisera pas de sitôt, des angelots et des étoiles. Et des formes abstraites bien coquettes avec leurs boucles dorées. Le lapin d'Alice se plairait bien dans cette boutique et renoncerait peut-être à sa montre pour une pendule.

4, rue du Pas-de-la-Mule
75003
42.77.91.00

4ᵉ ARRONDISSEMENT

Grand Hôtel Jeanne d'Arc

L'hôtel est minuscule et on ne boute pas les Anglais dehors, aussi le nom de l'établissement restera-t-il un mystère. Cette énigme ne vous empêchera toutefois pas de dormir sur vos deux oreilles puisque le Grand Hôtel Jeanne d'Arc donne sur une rue très calme, sauf lors du passage des éboueurs qui ont la fâcheuse manie de ramasser les ordures un peu tôt le matin selon les dires de mon amie Monique. Les chambres sont petites mais propres, avec W.-C., baignoire ou douche, télévision et téléphone. Il y a un ascenseur et l'accueil est vraiment charmant, familial *et* professionnel ; j'y envoie des copains depuis des années et ils y retournent régulièrement.

La rue de Jarente est tout près d'une des plus jolies places de Paris : la place du Marché Sainte-Catherine. Les restos qui s'y trouvent ne sont pas vraiment excitants, mais avant de visiter le musée Picasso ou l'opéra Bastille, tout près, allez boire un coup au Bar de Jarente à trois mètres de l'hôtel. Rien n'y a bougé depuis des lustres... pas même les prix, très raisonnables dans ce quartier si branché : le coca, le demi et le verre de blanc à 9,50 F, le café à 5 F au comptoir et 9 F en salle, le verre de rouge de 7 cl à 7 F au comptoir, la bouteille de Heineken à 20 F au comptoir et 22 F en salle.

Plus une patronne charmante comme on en voit dans les films de Julien Duvivier, une femme courageuse qui s'est battue pour conserver son bar mais qui n'est pas amère pour autant.

3, rue de Jarente
75004
48.87.62.11. Fax : 48.87.37.31

Prix de l'hôtel : Petite chambre 1 pers. : 300 F ; 2 pers. : 305 F
Chambre occupation double 1 pers. : 385 F ; 2 pers. : 390 F
Chambre 2 grands lits : 2 pers. : 460 F ; 3 pers. : 515 F ; 4 pers. : 570 F
Lit supplémentaire : 75 F Petit déjeuner : 35 F

Hôtel Rivoli-Notre-Dame

Au cœur du Marais, tout près de la rue de Rivoli comme son nom l'indique, l'hôtel offre les avantages de cette proximité sans les désagréments : la rue du Bourg-Tibourg est une rue relativement calme. J'ai dormi dans cet hôtel durant l'hiver, donc les fenêtres fermées, mais je pense qu'on doit y trouver le sommeil aussi aisément à la belle saison.

Bon, les chambres sont vraiment minuscules, mais elles sont très propres et équipées de tout le confort moderne : séchoir à cheveux, coffre-fort, minibar, téléphone et télévision. Et prendre le petit-déjeuner dans une salle à manger voûtée du XVIIe siècle est une façon agréable de commencer la journée. Ce petit-déj' continental se compose de croissants et de pain, mais il est possible d'avoir des œufs, du jambon, des céréales, du yaourt moyennant un supplément.

Mon amie Béatrice y envoie tous ses clients quand ils viennent à Paris pour leurs affaires et ceux-ci ont toujours apprécié leur séjour au Rivoli-Notre-Dame.

19, rue du Bourg-Tibourg
75004
42.78.47.39

Prix : Chambre occupation simple, toilettes, salle de bains : 500 F
  Chambre occupation double, toilettes, salle de bains : de 630 F à 680 F
  Lit supplémentaire : 50 F
  Petit-déjeuner continental : 40 F

Hôtel du 7e Art

Cet hôtel est plutôt amusant avec ses multiples références au cinéma. Dans une vitrine, on voit des accessoires de décoration tous reliés au septième art : miniatures de Charlot, photos de Rita Hayworth, orchestre de *Cotton Club*. Les marches qui mènent aux chambres (il n'y a pas d'ascenseur) sont en noir et blanc, et des motifs de pellicules, des affiches de films célèbres vous rappellent qu'on aime beaucoup les réalisateurs dans cette maison.

On aime aussi les clients. J'ai pu visiter la chambre 32, qui a un certain cachet avec ses poutres et son côté mansardé, mais qui a aussi tout le confort désiré...

20, rue Saint-Paul
75004
42.77.04.03 Fax : 42.77.69.10

Chambre 1 ou 2 pers. : douche ou bain, w.-c., téléphone, télé couleurs : de 410 F à 470 F
Petites suites : de 600 F à 650 F
Chambre avec lavabo, téléphone, télé couleurs (douche et w.-c. dans le couloir) : 295 F
Lit supplémentaire pour enfant à partir de 6 ans : 100 F
Petit-déjeuner (toujours en salle) : 45 F

Hôtel du Vieux Marais

Un accueil particulièrement chaleureux : on me propose de visiter les chambres avant même que j'aie fini d'expliquer que j'écris un guide. Elles sont très propres, simples, avec tout le confort désiré. Je constate à regret que j'ai payé beaucoup plus cher des chambres bien moins agréables dans d'autres hôtels quand je venais à Paris en touriste. C'est rageant...

8, rue du Plâtre
75004
42.78.47.22. Fax : 42.78.34.32

Chambre 1 pers. : 400 F - 465 F - 505 F
Chambre 2 pers. : 510 F - 550 F
Chambre 3 pers. : 665 F
Petit-déjeuner : 35 F

Hôtel Caron de Beaumarchais

La façade indigo est très attirante ; une belle coquetterie anime le hall d'entrée, la réception. L'ultra-classicisme de la tapisserie des murs, la cheminée Louis XVI et les meubles anciens recréant l'atmosphère des maisons bourgeoises du XVIIIe siècle donnent au voyageur une impression de confort et de sécurité. Les poutres apparentes apportent un cachet aux chambres, mais les temps ont changé depuis que Pierre-Augustin Caron de Beaumarchais a écrit *Les Noces de Figaro,* et il y a le téléphone, la télévision par satellite, un minibar, la climatisation dans les 19 chambres insonorisées.

12, rue Vieille-du-Temple
75004
42.72.34.12. Fax : 42.72.34.63

Prix : de 660 F à 730 F
Petit-déjeuner : 48 F Brunch : 78 F

Paris Midi

Quand je dois rejoindre des gens dans le cœur de Paris, j'opte généralement pour le Paris Midi plutôt que pour le fort populaire Sarah Bernhardt. Bien sûr, ce dernier café donne sur la place du Châtelet, mais les toilettes sont immondes et surtout, à quelques minutes de là, il y a l'Hôtel de Ville. À la terrasse du Paris Midi, vous aurez une vue superbe sur la demeure princière du maire : brûlé sous la Commune en mai 1871, l'Hôtel de Ville fut reconstruit entre 1873 et 1883. La grâce des fontaines parvient à faire oublier que c'est à cet emplacement qu'on exécutait autrefois les condamnés à mort ; Ravaillac, La Voisin, Cartouche périrent sous les regards de milliers de curieux. L'endroit de leur supplice s'appelait alors la place de Grève, car les hommes qui cherchaient du travail y attendaient les embaucheurs. C'est aussi en place de Grève qu'on allumait les feux de la Saint-Jean ; on y brûlait des chats avant le bal populaire. Louis XIV, se désintéressant de cette coutume, l'aurait enfin fait sombrer dans l'oubli.

Aujourd'hui, les touristes reculent devant la magnificence de l'Hôtel de Ville et se sentent bien petits sous le regard sévère des sculptures qui trônent sur la façade flanquées de drapeaux tricolores. Il y a un va-et-vient constant entre les étrangers et les Parisiens pressés qui traversent le pont d'Arcole pour rejoindre leur quartier. À l'intérieur, le café est beaucoup plus calme et les conversations amicales des habitués n'ont rien en commun avec les images d'angoisse que Polanski y a tournées pour *Frantic*. J'ai eu beau scruter tous les recoins de l'établissement, je n'y ai jamais vu de gangster. Ni Harrison Ford... Mais le plaisir d'y retrouver régulièrement mon ami Jean-Pierre, lors de ses visites dans la capitale, réussit à me consoler de n'avoir aucune chance de séduire le bel Américain. Nous refaisons une petite partie du monde en buvant de la bière, en tentant de nous décider à quitter les lieux pour aller dîner. Les serveurs sont toujours aimables, et même physionomistes (ils me reconnaissent après des mois d'absence).

Face à l'Hôtel de Ville
Quai de Gesvres
75004

Prix : Vittel-cassis : 19 F Bière pression 25 cl Heineken : 19 F
Bière bouteille Carlsberg : 26 F
Pichet côtes-du-Rhône ou rosé 14 cl : 19 F 25 cl : 24 F 50 cl : 44 F

Menus à 79 F et 155 F. Mais je n'y ai jamais mangé ; je n'ai donc aucune idée de la qualité de la cuisine. Déjeuner avec jus d'orange, 2 œufs bacon ou omelette, café ou thé à 58 F.
Tartine beurrée : 9 F Saucisse frites : 44 F Crêpe jambon-fromage : 25 F

Hall 1900

La première fois que je suis allée au Hall 1900, c'était avec mon amie Yeşim. Elle me parlait d'Istanbul avec passion et nostalgie, elle s'interrogeait sur son pays, sur elle-même. Je répondais que je ne savais pas choisir entre Paris et Québec, que je ne le voulais pas. Nous avons aussi parlé de l'amour, bien sûr, de l'éternité et de l'amitié, et nous avons traîné jusqu'à l'aube en sirotant des bières. Nous savions qu'elle devrait quitter Paris, rentrer en Turquie, que nous serions des mois sans nous voir et que nous nous ennuierions beaucoup l'une de l'autre. Nous avons décidé d'être sœurs, je suis l'aînée, la grande, ça se dit *abla* en turc.

Denis, le serveur, était complice de notre complicité, comme s'il devinait que des liens indéfectibles se tissaient sous ses yeux. J'ai un souvenir très doux de cette soirée au Hall 1900. J'y suis retournée depuis et

je sais que la patronne Lisette et son fils Jean-Baptiste sont corses, qu'ils s'efforcent de sourire même s'ils trouvent l'air de Paris irrespirable. Le grand Dominique raconte que la racaille des Halles s'est déplacée vers la Bastille et qu'il préfère nettement discuter avec ses clients plutôt que de jouer au portier.

On boit à la pression de la blanche, de la Leffe (16 F le demi au bar, 21 F en salle et 40 F le 50 cl) ou de la Kilkenny (ma préférée à 20 F, 24 F et 45 F). On applique le tarif de la salle après 21 heures. Vous paierez ainsi 35 F pour une bouteille de Spaten, de Chimay, de Pilsen Urquelle ou de Gold de Kanter, 38 F pour une kriek cerise, 40 F pour les cocktails. Le kir est à 15 F, les anisés (qu'aime beaucoup Riri, un des habitués, un vrai des Halles qui a connu le « ventre de Paris ») sont au même prix ainsi que le café et le chocolat. On peut y casser la croûte à toute heure : sandwiches (entre 15 F et 22 F), croque sur pain poilâne à 35 F, charcuterie, chèvre chaud (32 F).

C'est un bar fréquenté par des voisins, des touristes, des jeunes femmes, des vieilles dames, des hommes d'affaires, des artistes. De tout, quoi… Mais il m'a semblé qu'il y avait très peu de gays, ce qui est étonnant puisqu'on est en plein Marais. Se sentent-ils indésirables ? Le décor est simple, vieilles photos sur les murs, moulures de bois. C'est un peu suranné, comme les toilettes, mais le fantôme d'Irma la Douce doit hanter les lieux puisque l'établissement offrait autrefois des chambres… à l'heure.

 Rue Rambuteau (entre le boulevard de Sébastopol et Beaubourg)

Bofinger

L'Alsacien Frédéric Bofinger (prononcer Bofaingé) a ouvert cette grande brasserie en 1864. On y servait les premières pressions de la capitale, et si cette belle écume dorée qui coulait à flots a attiré les premiers clients, ceux qui fréquentent maintenant les lieux choisissent de boire un kir royal ou un whisky au bar en attendant leur table. Car on doit souvent faire preuve de patience chez Bofinger; l'endroit est toujours très couru. Est-ce à cause du décor somptueux, du ballet des serveurs qui évoquent les pies avec leurs vestes noires et leurs longs tabliers blancs, est-ce à cause de l'élégante rumeur qui remplit la salle d'une joyeuse effervescence, pétillante comme du champagne? On ne peut s'empêcher d'imaginer les grandes cocottes du début du siècle, trempant leurs lèvres cramoisies dans un verre de Perrier-Jouet, laissant glisser le boa sur les épaules, jouant avec un collier de perles en attendant de déguster des huîtres. À cette époque, on accompagnait les coquillages d'un sauternes. Aujourd'hui, on préfère un blanc sec, mais on aime toujours les plateaux que prépare l'écailler. Le Mareyeur, par exemple, comprend moules, praires, huîtres, amandes, bulots et tourteau (235 F). La choucroute Bofinger, elle, est composée de francfort, de montbéliard, de lard fumé et d'une cuisse de canard (118 F). À la carte, on vous propose de l'andouillette, une selle d'agneau ou un foie de veau déglacé au vinaigre, mais un menu à 169 F vous permet de choisir entre le foie gras, les huîtres et la terrine de poisson, puis entre la dorade braisée, le caneton rôti et le carré d'agneau persillé, le plat étant suivi d'une île flottante, d'un croustillant au chocolat ou d'un vacherin vosgien, le tout arrosé d'une demi-bordeaux.

5, rue de la Bastille

75004
42.72.87.82

Prix : Plats : de 95 F à 145 F
Desserts : 40 F.
Vins : du pinot blanc Kilpfel : de 94 F à 99 F au Château Meurseault : de 88 F à 245 F.

Bistro Bofinger

La formule bistrot joue les classiques : marinade de saumon, escargots de Bourgogne, harengs, foie gras précèdent le pavé grillé, le tartare ou le filet de rascasse. Au dessert, il y a des œufs à la neige, des sorbets ou la marquise au chocolat à des prix plus modiques qu'en face et la salle est climatisée...

Rue de la Bastille
75004
42.72.05.23

Prix : Entrées : de 34 F à 40 F (sauf le foie gras à 72 F)
Plats : de 69 F à 75 F
Desserts : 28 F
D e 12 h à 15 h et de 19 h à 24 h.

Il Vicolo

Disons-le franchement, Il Vicolo pratique les mêmes prix qu'en Italie... Menu *molto caro,* mais l'endroit est beau avec ses murs de pierre et ses lustres étranges, véritables sculptures, très aériennes, qui illustrent bien le succès du design italien. L'été, il y a une petite cour agréable malgré le rock tonitruant des voisins, et j'ai trouvé très amusant le passage des locataires de l'immeuble qui circulent entre les tables pour rentrer chez eux. Jean et moi avions presque l'impression d'être à Rome. Nous avons très bien dîné ; le choix était difficile car tout était appétissant. En entrée, il y avait un concassé de filet de bœuf aromatisé au thym et au citron sur un lit de salade (ça ressemble à du tartare mais la garniture est plus inventive) (65 F), des *crostini di mozzarella* (60 F), mais nous n'avons pas résisté à la friture du potager (aubergine, champignons, courgettes, artichauts violets) qui était encore moins grasse qu'une tempura réussie. Les légumes conservaient ainsi leur goût... Un peu lassant à la longue, toutefois ; quelques feuilles de laitue avec un soupçon de vinaigre balsamique auraient égayé l'assiette (65 F). En revanche, je mangerais tous les jours de la salade de poulpe aux herbes fraîches sans m'en plaindre : des morceaux de pieuvre très tendres batifolaient avec de minuscules têtes de chou-fleur, des olives noires, des radis, du concombre, de la laitue et du basilic (65 F). Un rêve ! Les assiettes étaient généreuses, mais la suite était si bonne que nous n'avons pas laissé une bouchée : les tranches de faux-filet saisies au gril et parfumées aux herbes s'enorgueillissaient d'une sauce aux olives d'une belle subtilité et la cuisson était parfaitement respectée (95 F). Jean avait choisi le *rotolo di ricotta e spinacci un burro fuso alla salvia* (70 F), des tortillons de pâte farcis à la ricotta et aux épinards arrosés de beurre à la sauge. C'était délectable et il fallait beaucoup de volonté pour ne pas commander ensuite les ravioli à la mozzarella ou les parpadelles aux courgettes, calmar, basilic et oignon rouge qui fumaient sur la table voisine. Le dessert typique de la maison est la *panna cotta,* une crème cuite sans œufs, à la vanille, présentée sur un coulis de framboises ; agréable mais assez près du blanc-manger de ma grand-mère.

Les vins sont très chers puisque le prix le plus bas est de 135 F pour une bouteille de Bianco Colli Tragimeno 1992 ; ils grimpent jusqu'à 551 F pour un Pergole Forte 1993...

Précisons que le service n'est pas compris ; les prix mentionnés ici ne l'incluent donc pas.

8, rue de Jouy
75004
42.78.38.86

La Tartine

Des habitués suédois et espagnols s'attablent en terrasse depuis leur arrivée à Paris ; la pérennité des lieux doit les rassurer. Rien n'a changé depuis des décennies. Pourquoi, d'ailleurs, devrait-on rénover ce bar à vin si typiquement français ? On aime bien ces éternelles banquettes rouges, ces vieux miroirs, ce plancher mi-carrelage, mi-linoléum usé, ces affiches jaunies par le temps annonçant les sandwiches qui, eux, sont toujours très frais. Jambon, saucisson, rillettes (tartinées très généreusement!), camembert, gruyère, cantal (14 F) ou assiette de charcuterie (45 F), on se décide plus vite pour le casse-croûte que pour le vin : il y a une cinquantaine de références à La Tartine. Un verre de sancerre (8 cl : 13 F) ou un bourgueil (9 F), un coteaux-du-layon (15 F) ou un loupiac (14 F), un lalande de pomerol (12 F) ou un pouilly-vinzeles (12 F), un saint-amour (13 F), un julienas ou un graves (12,50 F) ? Les verres sont petits à dessein : on peut goûter plusieurs crus avant de chanter *La Marseillaise*. L'accueil est celui, simple et sans prétention, de serveuses qui savent écouter le client qui siffle un ballon de mâcon au comptoir tout en répondant aux touristes qui les réclament au fond de la salle. Un endroit où le mot cachet a encore un sens.

24, rue de Rivoli
75004
42.72.76.85

Fermé le mardi toute la journée et le mercredi matin

Ao Yama

Dans cette très ancienne rue où les artisans verriers travaillaient dès le XIIe siècle, mais qui ont tous disparu aujourd'hui, voici une rareté : un restaurant japonais à prix raisonnables et qui offre autant de cru que de cuit. On y trouve les sushis, les sashimis et les makis de même que les tempuras et les brochettes grillées. On peut commander à peu près tout à l'unité, qu'il s'agisse des poissons ou des brochettes dont le choix est très varié (poulet, fromage enrobé de bœuf, caille, foie, agneau, etc.), mais les formules sont plus intéressantes. Elles comprennent toujours une soupe et un bol de riz et les prix vont de 50 F à 120 F. La *shogun* se définit ainsi : bouillon, salade de fruits de mer, assiette de sushis et sashimis (au moins 6 pièces) et 5 brochettes. La *tempura* est aussi intéressante : des légumes et des crevettes remplacent les poissons du précédent menu pour environ 100 F. C'est bon, c'est joli et c'est assez copieux pour vous éviter de vous précipiter vers le premier marchand de crêpes une heure plus tard.

L'accueil est poli mais le patron est sans doute méfiant puisqu'il a refusé de me donner une photocopie de son menu : aurais-je l'air d'une espionne japonaise qui pense à ouvrir un restaurant pour lui faire concurrence ? Bizarre...

22, rue de la Verrerie
75004
42.74.53.92

L'Equinox

J'étais allée à l'Equinox car on m'avait demandé, à Radio-Canada, d'« enquêter » sur ce restaurant qui affiche une sympathie particulière pour le Québec. On s'étonnait que le patron aime la Belle Province au point d'en importer les produits. J'y suis donc allée, j'ai vu et j'ai été convaincue... de l'amitié de Bruno pour le Québec où il a habité durant douze ans et de l'excellent rapport qualité-prix qu'offre sa maison. On peut manger à la carte une aumônière d'escargots forestière (52 F) ou des rouleaux de printemps au confit de canard (45 F), ensuite une poêlée de gambas aux tagliatelles et aux algues (85 F), une pièce de saumon rôtie aux champignons sauvages et aux crosses de fougère (80 F), un foie de veau aux agrumes et aux poireaux (85 F). Cependant, les formules suivantes sont de vraies aubaines : pour 120 F, une entrée et un plat ; pour 109 F, un plat et un dessert ; pour 140 F, une entrée, un plat et un dessert. On fait son choix entre une salade de mâche au magret de canard fumé, une salade César aux crevettes de Matane et un feuilleté de Chavignol en salade, suivi d'un croustillant de suprême de volaille au cheddar, d'un carpaccio de saumon mariné au citron et au fenouil et d'un caprioti d'agneau avec brochettes. On hésitera entre le gâteau au fromage, la tarte au sucre, la glace à la vanille, la crème brûlée et l'œuf à la neige.

Moi qui n'aime plus le saumon pour en avoir trop mangé, je me suis laissé tenter par le carpaccio... et j'en reprendrai sûrement bientôt. Le feuilleté de Chavignol est une de mes faiblesses, mais ayant constaté que bien des habitués prennent le croustillant de suprême de volaille, j'y goûterai la prochaine fois que je dînerai chez Bruno. Je sais que je devrais écrire « à l'Equinox », mais le patron est si affable qu'on a l'impression de manger chez un ami. Le cadre est noble avec ses murs de pierre et prendre un digestif dans les caves voûtées donne envie d'y organiser une fiesta avec des copains. C'est tout à fait possible d'ailleurs et des Parisiens commencent à se refiler le tuyau. La clientèle du bar est plutôt gay (le soir), mais je serais ravie d'inviter mes parents à souper chez Bruno. On apprécie les artistes dans ce restaurant ; les peintres y exposent régulièrement et les gens du spectacle savent que Bruno aime également monter sur les planches. Même s'il adore jouer la comédie, il est absolument sincère quand il vous accueille si chaleureusement et vous explique les mets qu'a préparés François avec amour.

33, rue des Rosiers
75004
42.71.92.41

Note : Un menu à 65 F le midi et à 85 F le soir, des salades entre 45 F et 60 F
Vins : Cuvée Equinox : 70 F Pinot noir 1992 : 85 F Sylvaner médaille d'or
1991 : 85 F Sancerre 93 : 140 F Pomerol Château La Croix 1989 : 240 F

Auberge de Jarente

Une maison qui n'a pas changé depuis dix ans, et c'est tant mieux ! Philippe Charriton succède avec talent à son père dans cette rue étroite où il installe quelques tables sur le trottoir quand l'été arrive. Sinon, la salle est chaleureuse, des boiseries et encore des boiseries bien vernies, de la pierre, une belle cave voûtée et des meubles solides : ici, tout est robuste, à l'image de la cuisine du Sud-Ouest. Connaissant l'appétit de mon ami Jean, j'ai trouvé tout indiqué de l'emmener dîner dans cette auberge qui n'est pas espagnole mais basque. On y boit d'ailleurs le seul vin basque qui existe : l'irouleguy, un rouge qui se défend bien avec un cassoulet ou un confit d'oie. On peut manger à la carte, mais les menus sont intéressants : soupe de poisson, terrine de foie de volaille ou piperade en entrée, cassoulet (pour 2 personnes), pavé de bœuf au roquefort, confit de canard (majoré de 9 F) ou cailles rôties, fromage ou crème caramel, gâteau basque, fruits frais ou œufs à la neige. Tout cela pour seulement 117 F (132 F si vous prenez un demi-pichet de vin). Il y a aussi un cassoulet pour 2 personnes… qui devraient avoir l'appétit de 3. Ce plat typique est très réussi, grâce, notamment, à une belle pièce de porc maigre, créant un équilibre avec la saucisse et la confit de canard… Jean et moi avons presque vidé la cocotte de cuivre qui fumait à notre table ; il faut dire que j'avais choisi les cuisses de grenouilles en entrée et qu'on en sert plus d'une paire. Jean avait une salade estivale qui était un repas à elle seule : jambon, laitue, tomate, fromage, œuf ! On avait toutes les raisons de caler, mais je reviendrai avec plaisir, maintenant avertie des quantités, après avoir jeûné une couple de jours…

L'accueil de Philippe Charriton est celui d'un professionnel qui a appris très jeune à écouter les clients, à prévenir leurs désirs sans être pour autant obséquieux. La simplicité attentive, quoi !

7, rue de Jarente
75004
42.77.49.35

À la carte : Cuisses de grenouilles (44 F) Salade landaise (55 F) Piperade de la Saint-Jean (35 F) Cassoulet (pour 2 : 150 F) Œuf à la neige (25 F) Crème caramel (28 F)
Vins : Madiran ou irouleguy à 85 F la bouteille

Le Coude Fou

On lève le coude rue du Bourg-Tibourg depuis 1985. L'établissement, qui a séduit les bons vivants dès son ouverture, n'a jamais perdu de sa popularité. Il suffit de s'y attabler pour se sentir chez soi. Les habitués constituent une partie de la clientèle, mais beaucoup de touristes fréquentent aussi Le Coude Fou, où ils ont l'illusion, durant quelques heures, de faire partie de la famille, d'habiter la rue voisine, de comprendre tout ce qui se dit. Ce n'est pas seulement les vins qui suscitent les rires et les sourires au Coude Fou ; la gentillesse, la simplicité, l'intérêt des serveurs pour notre petite personne y sont pour beaucoup. Ici, on travaille dans la joie et la bonne entente ; les employés comme les clients viennent souvent du monde du spectacle et l'atmosphère est tout sauf guindée ! Cette effervescence ne gêne en rien le service : on est efficace même si on s'amuse.

La carte est sympathique : marinade de poivron et d'aubergine aux anchois, tomate farcie de chèvre frais, terrine de lapin comme entrées ; poulet aux épices, tartare de bœuf, pavé de saumon, entrecôte au bleu d'Auvergne, carré d'agneau rôti comme plats. Il y a une entrée et un plat du jour et un menu à 130 F, du dimanche au jeudi soir. J'y ai choisi un crottin chaud et sa scarole, une entrecôte qui était cuite comme je n'avais osé le souhaiter, garnie d'une tomate grillée, de petits haricots et d'un gâteau aux carottes. J'ai ensuite craqué pour une crème brûlée, mais le fondant au chocolat me tentait beaucoup.

Les vins sont servis au verre ou à la bouteille et changent souvent ; laissez-vous conseiller. Si toutefois, quand vous vous y arrêterez, il y a du menetou-salon, prenez un verre de ce vin qui rappelle un peu le sancerre ; il est fruité, aimable, d'un bel or pâle et s'accorde bien avec le décor champêtre, naïf et frais du Coude Fou. Les murs sont couverts de fresques amusantes et les tables sont faites de dessus de caisses de vin aux noms très évocateurs : Château Prieuré, Clos du Marouls, Château Fonroque...

12, rue du Bourg-Tibourg
75004
42.77.15.16

Prix : Entrées : 38 F (foie gras : 115 F)
Plats : de 80 F à 92 F
Menus le midi du lundi au vendredi à 85 F et 110 F (filets d'anchois ou salade tropicale, filet de julienne au vinaigre de framboise ou filet mignon à la moutarde de Meaux, île flottante ou fondant au chocolat + 2 verres de vin)
Vins : à partir de 12 F pour 10 cl

Phénix d'Or

Ce n'est pas de la grande cuisine, mais à ce prix-là, on ne doit pas s'attendre à trop de subtilité. Si j'inscris cette adresse asiatique, c'est que j'y suis beaucoup allée à mon arrivée à Paris quand j'avais envie de traîner au restaurant sans en avoir les moyens... J'aimais la porte rouge et or et l'eau qui coule le long de la vitrine, cela me paraissait hautement exotique. La carte doit faire 10 pages car toutes les sauces accompagnent tous les plats ; ainsi la sauce du poulet aux ananas n'est pas vraiment différente si on choisit les crevettes aux ananas... mais les menus à 38 F, 50 F et 54 F comblent aisément un gros appétit. Dans le premier menu, on a le choix entre un potage nouilles et poulet et une salade chinoise ; du poulet laqué chinois, du porc laqué, du poulet aux pousses de bambou ou des légumes piquants setchouanais ; des ananas au sirop, un fruit ou une tranche napolitaine. Le deuxième menu offre un potage pékinois, une soupe au crabe et aux asperges ou des nems, des crevettes à la cantonaise, un bœuf à l'oignon ou au curry, du canard laqué ou un porc aux champignons parfumés et aux pousses de bambou. Avec un beignet aux pommes ou à la banane ou du gingembre confit, une glace, une longue marche est conseillée...

À la carte, il faut compter environ 100 F (vin compris), et il y a un menu vapeur. On m'a toujours offert de l'alcool de riz dans ces petits verres coquins où apparaissent des strip-teaseuses chinoises quand le client est un homme. Ce n'est pas que j'y tienne vraiment, mais par principe, j'aimerais qu'il y ait de beaux mecs dans le fond de mon verre…

13, rue des Archives
75004
42.74.33.31

Bistro Beaubourg

Dans le quartier branché des Halles, on trouve toutes les chaînes de restaurants, des dizaines de casse-croûte et bien des restos franchouillards pour attirer le touriste, mais il n'y en a pas des masses qui peuvent s'enorgueillir d'une terrasse… au calme. À l'angle de La Reynie, le Bistro Beaubourg a ses fidèles qui aiment ce petit coin loin des klaxons de la rue de Rivoli mais où il y a toujours à regarder. On mate les garçons et les filles en attendant (quelques minutes) les plats commandés. Rien de compliqué au menu : les classiques œuf dur mayo, poireau vinaigrette, rillettes ou charcuterie en entrée, suivis d'un chili con carne, d'une entrecôte, de tripes au vin blanc, d'une andouillette, d'un magret de canard grillé ou d'un pavé au poivre vert (tous ces plats étant accompagnés de frites). Il y a un menu du jour (entre 36 F et 56 F), des salades plutôt copieuses et des desserts sans grande surprise, mais la charlotte n'était pas mauvaise du tout quand j'y suis allée. Le premier lieutenant général La Reynie qui s'était occupé de l'affaire des Poisons (et avait fait arrêter 300 personnes) en 1689 ne trouverait rien à redire ici !

La bière pression est autour de 15 F, la bouteille de vin du mois, un brivazac, côtes-de-bourg 1992, à 68 F. Ou une demi-bordeaux à 43 F, un vin de Provence et un sauvignon à 27 F.

Quand le temps ne permet pas de flâner sur la terrasse, on rentre et on s'amuse des affiches anciennes qui tapissent les murs du bistrot. Ce n'est vraiment pas une cuisine raffinée, mais si vous avez un petit creux en fin d'« aprèm » et peu de sous, grignotez un bout de pâté et un demi, vous ne paierez même pas 50 F. C'est plutôt rare aux Halles, à moins de se contenter d'un hot-dog. Et encore...

26, rue Quincampoix

75004
42.77.48.02

À la carte : Plats entre 45 F et 68 F Entrées autour de 20 F Salades à 35 F et desserts entre 20 F et 25 F

Amnesia

Le bar gay le plus sympathique en ville s'est agrandi ; on peut espérer y trouver un fauteuil si on se pointe en fin d'après-midi (notion très large pour les Parisiens allant de 17 heures à 20 heures). C'est très *cosy*, très salon de thé avec des crapauds où on a plaisir à s'enfoncer. Ces vieux fauteuils apportent une note de quiétude qui tranche d'une manière amusante avec l'excitation ambiante. Il y a un va-et-vient à l'Amnesia ; la clientèle est très éclectique, l'atmosphère est plutôt joyeuse, ni *hard*, ni cuir, ni snob, et la musique ne nous empêche pas totalement d'entendre notre voisin. Enfin, c'est un des bars où les filles sont le mieux reçues.

42, rue Vieille-du-Temple

75004
42.72.16.94

Demi : 18 F Champagne : 40 F Cocktail : 40 F-50 F Salade : 50 F

Berthillon

Amandine, thé Earl grey, feuille de menthe, mirabelle, abricot, pomme verte, kiwi, kumquat, goyave, cerise, grand-marnier, caramel au gingembre, vanille, tiramisu, pêche, poire, citron vert, marron glacé, noix de coco, mangue, litchi, mûre sauvage, framboise, melon, fraise des bois, noisette, moka, nougat au miel, figue fraîche, ananas, chocolat noir, chocolat du mendiant, chocolat blanc, chocolat au nougat, pistache, réglisse, pamplemousse, myrtille, cassis, airelle, reine-claude, corossol, praliné aux pignons, noix, papaye, thym citron, noisette, banane, créole, agenaise, plombières, rhubarbe, cacao whisky, fruits de la passion.

Voilà, c'est Berthillon. On dit que c'est le meilleur glacier de Paris. Du monde ? De la galaxie ! Le secret : des produits toujours très frais. Inutile de potasser cette liste de parfums avant d'aller chez Berthillon : vous ferez la queue et aurez amplement le temps de choisir le joyau glacé qui réjouira vos papilles.

Mais attention : on travaille fort pour satisfaire le client depuis 1954 et on s'octroie des vacances méritées… en août, en mars et en avril. Vérifiez si la boutique est ouverte avant de vous présenter. On trouve les glaces Berthillon chez plusieurs restaurateurs de Paris, mais, bien sûr, ils ne gardent pas tous les parfums.

31, rue Saint-Louis-en-l'Île
75004
43.54.31.61

L'Épicerie

Un vrai coup de cœur ! Une boutique de rêve pour les gourmands heureux, pour les gourmets curieux, pour les gastronomes audacieux : des murs tapissés de bocaux de confitures et de petits pots de moutarde aux saveurs les plus incroyables. On sort évidemment des sentiers battus quand on offre 60 variétés de moutarde et plus de 150 sortes de confitures ! La déesse Gè ne désavouerait pas la créatrice de ces surprenants condiments ; il faut être une amoureuse de la terre, de la nature pour savoir si bien la sublimer. Simone Wallig confesse qu'elle se couche le soir avec un livre de cuisine (elle en possède 500) et qu'elle est une alchimiste de la confiote. Ses inventions sont produites à Douai-la-Fontaine, près de Saumur, et comme cette ville est la capitale des roses, Simone Wallig les utilise également : gelée de pommes à la rose, vinaigre de miel à la rose, vin d'Anjou à la rose... C'est joli et frais comme les joues d'un enfant, et c'est bon, bien sûr. J'ai goûté aussi la confiture de cassis au marc de Bourgogne, la mûre de l'Ardèche, la confiture au vin de Bordeaux, la gelée de fleurs au vin et à la violette, la confiture au muscadet et la simplissime confiture de fraises de l'été qui m'a restitué le souvenir de ma grand-mère Éva. Les moutardes sont aussi fantaisistes : piment fumé qui fait surgir en moi des images de boucaniers, de barbecue dans des îles où les pirates cherchent des trésors, moutarde au vin rouge qui peut servir admirablement à déglacer une viande, à la noix, et provençale à l'ail et à la tomate, aussi ensoleillée qu'une journée chez Peter Mayle. Bref, plus on en essaie, plus on a envie d'en essayer...

Ajoutez l'accueil le plus sympathique de la capitale dans une rue pourtant ultratouristique, l'assurance que le moindre petit pot que vous achèterez sera emballé si vous souhaitez l'offrir, des coffrets en paille qui font justement de merveilleux cadeaux et de grosses pièces de monnaie en chocolat qui raviront les

petits, du foie gras et des chutneys. Je suis ressortie de la boutique en espérant devenir l'amie de la patronne. Elle dit si joliment cette phrase (de qui?) : « Ce qui fait du bien au palais ne peut faire de mal à l'âme... »

51, rue Saint-Louis-en-l'Île
75004
43.25.20.14

De bouche à oreille

Je fais souvent mes bagages dans la plus grande précipitation et, bien sûr, j'oublie toujours quelque chose, mais je suis domptée en ce qui concerne le foie gras : je l'achète toujours avant d'arriver à l'aéroport. C'est bien beau de se rabattre sur la boutique hors taxes pour se procurer les cadeaux de dernière minute, mais j'ai eu l'air fin quand j'ai constaté que la boutique était fermée pour cause de départ très matinal... J'aurais pu y penser, mais j'apprends, un tout petit peu, de mes erreurs et je sais que je peux m'approvisionner en produits du Périgord près de la Bastille, rue des Tournelles. Cette belle maison, qui fait aussi salon de thé (ou plutôt de dégustation car les produits proposés n'ont rien en commun avec le *five o'clock*!), présente une gamme de produits du terroir périgourdin (est-ce un pléonasme?). Des produits du canard et de l'oie : foie gras, cous farcis, confits, magrets aux figues, gésiers, cassoulet, mais aussi des confits de chocolat à la menthe ou au cointreau, des tartinades alléchantes au miel et aux noix, des crèmes de noisettes. J'imagine que la gelée de thé au jasmin, légère et saine, est en vitrine entre deux confits pour nous déculpabiliser...

15, rue des Tournelles
75004
44.61.07.02

Prix : Confits de chocolat : 28 F Tartinades : de 35 F à 42 F
Foie gras, 130 g : 64 F 400 g : 193 F Cassoulet 840 g : 45 F
Ris de veau aux morilles (en conserve) : 600 g : 190 F Gésiers : 41 F

L'Olivier

Selon Jacques Hillairet, on décréta, quand on perça la rue de Rivoli entre 1800 et 1835, que cette rue ne devrait abriter aucun commerce d'alimentation et que les enseignes en seraient aussi bannies. Les ministres passent, les lois changent... Qui se souvient que Rivoli fut en 1797 une victoire de Napoléon?

On ne peut se plaindre des entorses faites au vieux décret quand on s'arrête à L'Olivier. Cette maison, fondée en 1822, a une odeur «avé l'accent»... J'y vais pour acheter de l'huile d'olive, de noisette, au basilic ou au piment, ou des vinaigres aromatisés, mais je ne conseillerais pas à un voyageur de rapporter des bouteilles de verre, lourdes de menaces pour les vêtements. Cependant, si vous rêvez de la Provence sans jamais y aller, consolez-vous avec les condiments que vous propose L'Olivier : crème d'anchoïade, rouille, tapenade verte ou noire (16 F), citrons verts confits, cerises au vinaigre de framboise, oignons confits aux raisins (28 F), herbes de Provence (22 F les 100 g). Pour les becs sucrés, il y a des fruits confits, des nougats, des calissons d'Aix et un beau choix de confitures aux parfums du Sud : cassis, pastèque, melon, pommes d'amour, figue, ou le mélange estival (pêche, abricot, melon) ou automnal (coing, pastèque, poire, amande). Les miels de bruyère, de romarin ou de tilleul vous ragaillardiront durant les soirées fraîches, à moins que vous ne préfériez nier nos - 30 °C hivernaux en buvant du pastis : on vend de petits arrosoirs pour cet alcool anisé...

Enfin, les savons à la verveine, à l'argile, à la vanille plaisent depuis des dizaines d'années aux Parisiennes. Ce n'est pas sans raison.

23, rue de Rivoli
75004
48.04.86.59

Thanksgiving

Pour les gens qui vivront un certain temps à Paris, voici une adresse antinostalgie : on y vend des *pancakes,* des céréales, du beurre d'arachide, de la glace Haagen-Dazs, des *pop tarts* (35 F), les mix à piña colada et bloody mary, la relish pour les hot-dogs, du jus de canneberges (36 F), la sauce à salade César, les produits de Paul Newman (sauce pour tacos à 26 F), les tacos épicés ou non, la Thousand Island de Kraft, du Jell-O (12 F), du maïs à faire éclater, la soupe aux tomates Campbell (14 F), du cheddar (98 F le kilo), du gâteau au fromage (avec un petit goût de pain d'épice), des *jelly beans* (13 F les 100 g), du Velveeta, eh oui ! (49 F les 16 oz) et, merveille des merveilles, du Clamato...

20, rue Saint-Paul
75004
42.77.68.29

Caves Estève

Une lapalissade : la France est le pays du vin. Je le savais avant d'arriver à Paris, mais je suis toujours étonnée, et ravie, de la quantité de marchands de pinard. Et je ne parle pas des épiceries, crémeries, boulangeries, supermarchés, brûleries où l'on peut en trouver, je m'en tiens aux spécialistes. Des professionnels à qui on peut faire confiance, qui tiennent à savoir avec quel mets vous servirez le vin et qui sont heureux de partager leur culture œnologique. Ces hommes qui aiment la vigne m'émeuvent, ils en parlent avec poésie, les mots roulent dans leur bouche comme une gorgée de mercurey, ils s'excitent en parlant de la robe d'un graves, de la jambe d'un médoc, du bouquet d'un Clos-Vougeot. Leurs rêves sont peuplés de vanille, de champignons, de terre, de sous-bois, de cassis, de réglisse, de pierre, de noix et de foin. Ils connaissent intimement tous ces parfums qui s'exhalent d'une mémoire ancestrale, qui tissent des liens durables entre les hommes depuis des siècles. Les Français respectent le vin; ils savent que leur âme se berce dans les profondeurs des chassagne-montrachet ou des Château-Yquem, ils en sont fiers, ils en sont aussi dignes : un Français n'étale pas sa culture quand il s'agit de la vigne, il la *partage*. Avec sincérité et générosité, son plaisir à discourir des mérites d'un montrachet, d'un sancerre ou d'un mâcon est convivial. Aussi, ne vous en privez pas, n'achetez pas des bouteilles sans paroles à l'aéroport; prenez le temps d'entrer chez un marchand de vin, c'est ce qui vous aidera peut-être le mieux à connaître les Français.

On vous écoutera toujours avec attention même si vous n'achetez pas un grand cru : je n'ai pas de cave, je n'ai donc jamais conservé de grands vins. Je n'ai pas les moyens d'en acheter, mais quand je demande son avis à un spécialiste, il ne me regarde pas de haut, il s'intéresse à ma recette de poulet basquaise ou de curry d'agneau et me propose plusieurs choix.

Sans même avoir goûté aux vins, on ressent une légère griserie quand on pousse la porte des Caves Estève tant le spectacle de toutes ces bouteilles bien alignées dans des caisses de bois est aimable... Chaque vin est décrit avec passion et force détails, avec ces mots si sensuels qu'ils vous captivent, vous séduisent, vous forcent à y goûter. On ne peut pas résister à tant d'amitié; les vins nous parlent, qu'ils aient la tête claire ou le pied léger, tel ce petit côtes-de-Duras que je bois souvent chez Michèle et Vincent. C'est sur les conseils de ce dernier que je suis allée aux Caves Estève et j'ai discuté longuement avec Bruno Fanton, qui m'a décrit les crus avec ravissement; il m'a entretenue de l'humidité et du brouillard, de la pourriture noble qui dessèche le raisin et crée le liquoreux, le sauternes. Il m'a aussi parlé des pacherenc, des bijoux moelleux, résultats des vendanges tardives qui portent les noms de Vendémiaire et Brumaire. J'ai appris que les vins des Caves Estève sont goûtés par trois personnes, M. Estève, Bruno et Jérôme, et qu'on publie la lettre du club amical du vin pour informer les clients des primeurs, des choix de la maison. Maison où l'on est heureux de se retrouver tous les samedis pour déguster du vin.

Il y a certes des grands crus avec des prix en conséquence, mais j'ai acheté un rully à 49 F, une bouteille de champagne à 99 F, un vin des gorges de l'Hérault à 23 F. La maison a sa propre sélection de rouge, de blanc, de rosé embouteillée sous le nom de l'Avella d'Alexis Estève (un bourgogne entre 23 F et 49 F), et ces produits peuvent être achetés à l'unité. Car, il faut le dire, la grande majorité des vins est offerte en caisses de six bouteilles. Pour ceux qui respectent la loi ou qui craignent comme moi nos très sévères douaniers, il est impossible cependant de ne pas trouver son bonheur aux Caves Estèves. Les produits d'un certain M. Brun sont remarquables et on n'essaie pas de vous vendre les vins les plus chers. « Ce qui fait qu'un vin est intéressant, c'est qu'il est typique de l'année et de l'appellation, déclare Bruno Fanton, pas qu'il coûte une fortune ! »

J'ai salivé en regardant les bouteilles de vin de Cassis (je ne parle pas du kir, vin blanc et cassis, mais d'un vin de la région du même nom) (75 F pour 6 bout.), le marc de Beaujolais de M. Brun (173 F), la fine d'Alsace (160 F), un quincy (39 F la bouteille), ou un bas-armagnac 1979 Château Tariquet (270 F).

Enfin, j'ai su percer la modestie de Bruno Fanton et l'amener à me parler de l'association qu'il a créée en région parisienne, à Villiers-sur-Marne, et qui s'efforce de faire revivre des vignes près de la capitale. Le maire a prêté un immense terrain où les adhérents ont planté des pieds de chardonnay. Il y en a déjà 250 qui croissent sous les soins attentifs des amis de la vigne. Les touristes qui seraient heureux d'avoir leur pied de vigne en France peuvent obtenir des informations à cette adresse : Association Les Trois Grappes, 33, rue des Perroquets, 94350 Villiers-sur-Marne, France. (Le pied de vigne vaut 100 F.)

Si vous n'avez pas le temps d'aller aux Caves Estève, il y a une chaîne de 30 boutiques, Les Repaires de Bacchus, où l'on trouve des vins de tous les prix et de tous les coins du pays, et même du monde : plus de 2 000 références ! On peut acheter un petit bordeaux 1995 à 27 F, un syrah à 21 F, un bourgogne Rodet blanc 1993 à 66 F, comme un chassagne-montrachet 1988 à 195 F ou un châteauneuf-du-pape (blanc) 1993 à 165 F. La maison a sa propre cuvée de champagne ; le millésime 1990 est à 155 F. Vous pouvez également vous procurer une vieille prune pour 204 F, une eau de pêche pour 240 F. Cognac, framboise, marc de Bourgogne, calvados sont également intéressants. La dernière fois que j'y suis allée, j'ai goûté aux pastis de Jean Boyer qui sont très fins. L'Émeraude, le Sauvage et le Rayon vert ont vieilli un an avant d'être mis en bouteille, et les dizaines d'herbes et de plantes qui les composent font oublier ces breuvages au parfum d'anis si prononcé qu'on ne sait plus ce qu'on mange après l'apéritif !

10, rue de la Cerisaie
75004
42.72.33.05

292, rue Saint-Jacques
75005
46.34.69.78

Kimonoya

J'avais les cheveux longs quand je suis allée chez Kimonoya pour la première fois et j'avais acheté un peigne avec des fleurs dorées et des perles que je ne porte plus, mais qui me rappelle comme Michelle et moi étions épatées de découvrir une boutique où l'on ne vendait que des objets venant du Japon. Nous n'avions, ni elle ni moi, les moyens d'acheter le *furisode*, un kimono de cérémonie pour les jeunes filles célibataires, mais j'imaginais très bien mon amie, les mains croisées contre l'obi, dodelinant de la tête sans dénouer son chignon. Le *look* nippon convient à Michelle, elle a la grâce des geishas, le geste souple, sans brusquerie aucune, les pommettes saillantes et ce maintien très digne qui révèle une âme exigeante. Surtout envers elle-même, devrais-je préciser : Michelle possède maintenant un kimono en coton bleu et blanc, mais elle mériterait bien de la soie quand elle daigne se reposer... Les kimonos ont ces teintes si subtiles qu'on ne peut les nommer qu'en parlant de la nature ; les bruns sont terre, les bleus nuit, les verts mousse ou lichen, les rouges feu ou soleil couchant. Il y a des dizaines de modèles, des plus sobres aux plus colorés, pour femme, homme, enfant. En coton satiné autour de 650 F, 100 % à 560 F, à mi-jambes pour femme à 250 F. L'*haori* de soie (veste mi-longue) tourne autour de 1 700 F. Les peignes vont de 70 F à 520 F. On trouve aussi tous les accessoires pour la cérémonie du thé, des tee-shirts où plane la menace d'un tsunami (250 F), des boîtes laquées aux formes très pures (260 F), des éventails, des boîtes de peinture, des pinceaux pour dessiner des dragons et des manuels d'origami (90 F) pour tester notre patience.

11, rue du Pont-Louis-Philippe
75004
48.87.30.24

Sic'Amor
et *Fugit Amor*

Des pétales en résine, aériens comme certaines orchidées, et des perles de rosée en pâte de verre, écarlates, saphir, émeraude, jais ou orangées pour les colliers, des bracelets en fils de métal entrelacés comme les feuilles d'une vigne, des grappes de verre dépoli montées en clip, des broches qui ressemblent à des pommiers en fleur, des pierres brutes enchâssées dans du métal doré, des éclats de résine opalescents qui semblent venir d'une autre planète : voilà le travail d'une quarantaine d'artistes. Ils vivent tous en France et créent des bijoux inusités, mais aussi des lampes qui évoquent des fontaines et des foulards de soie aux motifs naïfs ou contemporains.

L'accueil est *cool,* on a tout le temps de regarder, d'essayer, d'hésiter, de changer d'idée avant de se décider pour un bracelet alliant la paille et le laiton ou un sautoir à billes translucides.

SIC' AMOR
20, rue du Pont-Louis-Philippe
75004
42.76.02.3
FUGIT AMOR
11, rue des Francs-Bourgeois
75004

Prix : À partir de 140 F pour un collier à gouttes de résine
Lampe perlée : 1 500 F
Beaucoup de bracelets, boucles ou colliers autour de 350 F

Sentou

La mouche tsé-tsé transmet la maladie du sommeil ; je ne comprends donc pas que les artistes aient choisi ce nom pour leurs créations à moins qu'elles n'aient eu l'intention de nous intriguer... Car ce qu'elles rêvent et réalisent est tout sauf soporifique : on a beaucoup vu dans les magazines leurs vases si originaux, qu'il s'agisse de la guirlande de soliflores, du vase dormant (suspendu, il oscille comme un hamac), du vase avec bouées flottantes pour les fleurs. Les lignes sont pures, résolument modernes mais sans agressivité, sans aspérité ; la fantaisie règne autour des couverts à salade en porcelaine (295 F) qui font penser à Niki de Saint-Phalle, des coquetiers plats — oui, l'œuf tient bien droit, j'ai fait l'essai, mais le jaune coule sur les doigts... Ce sont toutefois les luminaires qui m'ont attirée dans cette galerie : des guirlandes de petites lumières cachées dans des sachets de tissus multicolores ou des abat-jour en papier japonais diffusent une lueur semblable à celle des guirlandes de Noël (595 F). C'est drôle, c'est curieux, c'est doux. Notons aussi le travail de quatre autres créatrices regroupées sous le pseudonyme de « Robert le Héros » — décidément, je ne comprends pas les chòix de noms de ces dames —, qui présentent des rideaux, des coussins imprimés de poèmes dans des teintes riches et chaleureuses.

18, rue du Pont-Louis-Philippe
75004
42.77.44.79

26, boulevard Raspail
75007
45.90.00.05

Résonances

Voici une boutique d'importation d'artisanat. On trouve les paréos et les boîtes laquées dans les magasins exotiques de Montréal ou Québec, mais les très jolies tulipes de soie ont retenu mon attention. Les couleurs sont superbes et je sais que ces fleurs restent belles ; j'en ai acheté il y a près de sept ans et elles ne se sont jamais détériorées (1 fleur vaut 15 F, 12 : 150 F et 24 : 240 F). La propriétaire, qui a étudié à l'école du Louvre, se passionne pour les antiquités ; elle garde donc quelques pièces de valeur — argenterie, sculptures ou bijoux —, mais il y a aussi un vaste choix de colliers ou de bagues importés de la Birmanie, de la Thaïlande et de l'Inde à des prix plus modestes ainsi que des caraco et des foulards (120 cm x 35 cm : 190 F) et des boîtes en soie (de 30 F à 180 F). Tout est acheté sur place, sans grossiste, sans intermédiaire.

37, rue Saint-Paul
75004
42.78.44.77. Métro : Saint-Paul ou Sully-Morland

Kanel Warene

Kanel Warene est un fleuriste qui se spécialise dans les fruits et les fleurs séchés. Personne ne rapportera un bouquet dans ses bagages, mais il y a des boucles d'oreilles originales qu'apprécient beaucoup les couturiers du Marais. Les bijoux sont réalisés avec des oranges séchées, de la monnaie-du-pape, des tournesols, des roses, de l'eucalyptus, des coquillages, des grains de poivre, des cosses de haricots ou des noix de pécan. Pour un *look* vraiment naturel !

46, rue du Roi-de-Sicile
75004
42.71.16.06

Prix : 250 F la paire de boucles d'oreilles

Chat Perché

Je croyais que la boutique s'appelait Chat Perché en l'honneur des merveilleux contes rouges et bleus de Marcel Aymé, mais la proprio m'a expliqué qu'elle avait choisi, voilà treize ans, un nom de jeu... même si elle avait songé au Chat Botté. On trouve d'ailleurs une très belle marionnette de ce personnage de Perrault ainsi que plusieurs classiques français : Guignol, le gendarme, le loup, le coq et le renard des fables. Les marionnettes à doigts (60 F les 5), elles, se regroupent par thème : la forêt, le Chaperon rouge, la ferme, la jungle, etc. Les « équipes » sont aussi gagnantes dans une collection de sacs en tissu qui contiennent des animaux (en tissu également) du cirque, de la ferme ou de l'arche de Noé. Ils sont jolis et doux comme les livres de cette même collection (220 F), qui permettent à l'enfant d'apprendre les couleurs, les formes en jouant avec des carrés, des ronds et des triangles en coton qui tiennent dans le livre grâce à des boutons pression. Les peluches allemandes Sigikid semblent sortir tout droit des livres anciens de contes de fées ; rien à voir avec les Jafar, Aladin, Jasmine walt-disneyens aux teintes à la mode.

Les Sigikid sont lavables et plaisent aux tout-petits qui s'endorment en les berçant au son des boîtes à musique cachées dans le ventre de ces oursons ou de ces souris (105 F à 300 F).

J'achète des jouets pour mes neveux et nièces depuis cinq ans et les jeux d'adresse, la pêche, les anneaux, les boules plaisent beaucoup à Michel et François, le petit sac à main et les bijoux me valent de beaux sourires d'Andréa et quand ma filleule Florence aura l'âge requis, je lui offrirai les casse-tête en bois. Cet été, je rapporterai des baguettes de sourcier et des appeaux (une vingtaine de chants d'oiseaux) pour les enfants des copines. J'ai beaucoup de succès avec mes présents car je suis toujours bien conseillée… et comprise : avant Noël, quand je suis allée au Chat Perché, j'avais dix minutes pour faire tous mes achats. Je voulais « du plat, du léger, du coloré pour quatre enfants entre 2 et 7 ans ». Quelques minutes plus tard, je ressortais de la boutique avec des surprises emballées. Et emballantes si j'en juge par les cris de joie de mes neveux et nièces…

Rue du Roi-de-Sicile
75004

Prix : À partir de 10 F

Cie des Comptoirs de la Banquise

« Elle avait des bagues à chaque doigt, des tas de bracelets autour des poignets, et puis elle chantait… » Oui, je chante depuis que j'ai découvert cette boutique où je peux acheter des tas de bijoux à des prix très corrects. Mes copines savent que je déniche leurs cadeaux aux Comptoirs de la Banquise où l'accueil est tout sauf glacial. Je traîne toujours longtemps quand j'y vais, mais je n'ai jamais senti d'impatience, bien au contraire. On bavarde avec la cliente sans lui imposer quoi que ce soit, pour le plaisir de lui montrer de jolies choses.

Ouverte depuis le 8 novembre 1994, la boutique a vite conquis les Parisiennes... et leurs copains qui sont trop heureux de faire plaisir sans se ruiner. Mon ami Philippe m'a ainsi offert une superbe bague en métal argenté avec des pierres d'un rouge vif qui n'a rien à envier aux rubis, d'inspiration Art déco. Le créateur de ces petites merveilles s'appelle François Schoenlaub ; s'il aime l'Art déco, il ne le copie pas mais s'en inspire. Comme d'autres courants du début du siècle, plus rococo ou plus mauresques. Sans oublier un goût pour la nature, fleurs, fruits, animaux ou coquillages. Il a beaucoup d'humour aussi ; les chats parviendraient à dérider la toge d'un avocat ou la robe d'une religieuse. Les bijoux sont réalisés dans un alliage d'étain doré à l'or fin ou argenté qu'égaient des résines très colorées. Il y a deux collections par année, été et hiver, mais les colliers à billes d'or ou les bracelets à rangs souples séduisent en permanence.

Entre le moderne et le très féminin, le rigolo et le délicat, on a l'embarras du choix...

Rue des Archives, coin Rambuteau

Prix : de 100 F à 600 F

Laguiole

Le Laguiole existe depuis 1829, mais j'ai vu ce couteau pour la première fois en octobre 1993, quand j'ai fait la connaissance d'André, un Québécois vivant à Paris, qui garde son accent mais qui a vite compris que sortir son Laguiole à table était une preuve d'allégeance à la France. André incarne le charme et n'a aucunement besoin de ce merveilleux couteau pour séduire ; comme il est modeste, je sais qu'il a adopté le Laguiole parce qu'il aime le beau, l'authentique. Cet adjectif a été galvaudé ces dernières années, mais dans le cas de ces couteaux faits dans l'Aveyron, il conserve toute sa signification.

Chaque couteau est fait à la main, donc unique, et pour ainsi dire garanti à vie. La lame en acier Montezic est inaltérable et les bois ou la corne des manches ajoutent leur noblesse à l'acier. Les mots mêmes qui définissent la fabrication d'un couteau sont âpres et purs, solides, précis : mitres de pied, mitres de tête, clou de maillechort, platine gauche, clou perdu, ressort, découpe, trempe, perçage, émouture, cloutage, guillochage. Ils recèlent le secret du Laguiole, ils expliquent pourquoi on n'utilise jamais plus d'autres couteaux quand on possède le *prince d'Aubrac*.

Espalion est un peu loin de Paris, aussi félicite-t-on Bernard Audren d'avoir ouvert en 1995 cette boutique dans le Marais où l'on peut voir des dizaines de modèles. Espalionnais, il est fier de ses Laguiole, il les traite avec respect. Tout brille chez lui, et il offre non seulement ses conseils, mais les services d'entretien des couteaux (aiguisage et réparation). Le seul ennui dans cette maison, c'est qu'il faut élire *son* couteau, en adopter un : comment choisir entre un modèle 11 cm, 1 pièce. 2 mitres avec mouche forgée et un 12 cm, 2 pièces tire-bouchon, 2 mitres ? Entre les pointes de corne et les cornes pressées, entre le noyer et le bois de rose, entre le buis et le bois d'amourette, entre le gaïac et la marqueterie animalière ou classique ?

6, rue du Pas-de-la-Mule
75004
48.87.46.88

2, rue Eugène-Salettes
12500 Espalion

Prix : Couteaux entre 300 F et 575 F
Pour la table, non pliants, environ 1500 F pour 6 couteaux

Dites-le avec une flamme

Ouverte depuis 1995, cette boutique n'a rien d'infernal même si elle brûle de mille feux. Existant dans toutes les couleurs de l'arc-en-ciel, les bougies sont décorées principalement avec des éléments naturels : violette, hortensia, boutons de rose, cannelle, tournesol, anis, étoile de mer, laurier, eucalyptus, orange, piment. Elles s'ornent aussi de boutons ou de billes de verre. Toutes les bougies sont parfumées, mais les odeurs ne sont pas entêtantes et ne rappellent en rien le redoutable patchouli. Il existe 37 senteurs, dont la vanille, le romarin, les herbes, le miel, la jonquille, le mimosa, la glycine et le citron-verveine. Les essences sont élaborées à Grasse ; de même, les incrustations de motifs dans la cire sont préparées dans la capitale du parfum. Les bougies ont l'heureuse particularité de fondre en se creusant de l'intérieur, sans couler : on peut mettre une bougie sur une nappe sans craindre les taches. On vend également des supports, dont un très beau en verre et fer forgé.

5, rue du Pas-de-la-Mule
75004
42.72.31.41

Prix : Bougie 48 heures : 119 F 120 heures : 235 F
(11 h 30 à 19 h 30, de 14 h à 18 h le dimanche, fermé lundi)

5ᵉ ARRONDISSEMENT

Le jardin du Luxembourg

Avant d'être un parc autant prisé des Parisiens que des touristes, le Luxembourg, vaste champ cultivé, inquiétait les habitants du XIᵉ siècle, car il était trop grand, trop désert. On l'appelait alors le Val vert ou Vauvert... On n'y envoie plus que le diable maintenant et les personnes qui aiment s'attarder dans le jardin aperçoivent peut-être le fantôme de Marie de Médicis qui fit dessiner le parc, ses allées, ses parterres, ses jeux d'eau. Les poètes ont aussi hanté le Luxembourg et certains y écrivent encore sûrement, émus par la lumière qui rend un hommage attendri aux statues des reines qui dominent les lieux.

On musarde, on regarde les enfants jouer avec leurs bateaux dans la fontaine et se salir avec bonheur sous l'œil réprobateur d'une jeune fille au pair. Il y a de vieux messieurs qui fument la pipe, des dames qui tricotent, des amoureux qui s'embrassent, des visiteurs qui essaient de comprendre leur carte géographique.

Le jardin est apaisant et la buvette ne le dépare point. Avec son petit air colonial, ses grands arbres, ses chaises de métal, la buvette est une halte bienvenue pour les touristes assoiffés ou les Parisiens qui traversent le Luxembourg pour rejoindre le boulevard Saint-Michel ou la rue d'Assas et qui savent que les prix sont raisonnables pour un tel emplacement : le café est à 9 F, le croissant à 8 F, le Canada Dry, le kir, la Stella Artois (25 cl) ou le pernod à 18 F, le verre de rosé ou de blanc à 15 F. Il y a des tartes (28 F), des crêpes et des gaufres (13 F à 35 F), des sandwiches (18 F) et des salades. La Médicis — laitue, jambon, gruyère, œuf dur

— et la Luxembourg — riz, anchois, olives, tomates, œuf dur — coûtent 35 F, la Panthéon — pommes de terre, saucisson, pomme, francfort et noisettes — est à 45 F.

Le seul ennui de cette buvette, c'est qu'on y est si bien qu'on y traîne toujours trop longtemps…

Enfin, un avantage non négligeable : il y a des toilettes publiques très propres. La préposée, Mme Lucie Gabriel, qui travaille depuis plus de dix ans au Luxembourg, a même planté des fleurs pour égayer les lieux. Pour 2,50 F c'est une vraie bénédiction.

Mosquée de Paris

Construite entre 1922 et 1926, la mosquée n'a pourtant pas d'âge ; le temps ne peut avoir de prise sur ces lieux étranges et beaux et étrangers au tumulte journalier, au quotidien parisien. La rumeur de la ville n'ose pas franchir les murs de la mosquée et le minaret de 33 mètres rassure l'individu qui cherche son oasis. C'est là, tout près du jardin des Plantes, que les musulmans se retrouvent, mais cette aire si calme, si quiète, si souriante est ouverte à tous. Une clientèle très disparate fréquente le café de la mosquée : des fidèles, des touristes en famille, des amoureux, des rêveurs qui voyagent en buvant un thé à la menthe, des femmes aussi douces que les loukoums et les pâtisseries qu'on peut acheter à l'entrée, des enfants émerveillés par les mosaïques, les grands plateaux de cuivre et d'étain, les lampes et les vitraux. Les vieux bancs rembourrés accueillent les marcheurs avec bienveillance, comme les poufs et les sièges de cuir aux couleurs passés. Les murs amande, mordorés, jasmin, tilleul apaiseraient l'homme d'affaires le plus stressé s'il avait la sagesse de s'arrêter à la mosquée… Le jardin est simple, légèrement fleuri, mais l'architecture est plus intéressante à l'intérieur, et comme il y fait aussi frais… les conversations quasiment chuchotées se font languissantes au fur et à mesure que la magie opère ; la respiration est plus lente, les préoccupations s'envolent dans la contemplation des coffres ouvragés, de la marqueterie. Les serveurs souriants circulent lentement avec des plateaux remplis de verres de thé, mais il y a aussi de l'eau minérale, des jus, du coca : aucun sectarisme à la mosquée... la tolérance se fait hospitalité. On ressort de cet endroit avec l'envie d'en connaître plus sur cette culture, sur ces pays lointains.

39, rue Geoffroy Saint-Hilaire
Place du Puits de l'Ermite
75005

Hôtel des Grandes Écoles

Je manque d'originalité ; cette adresse est dans tous les guides. Mais c'est le premier hôtel où je suis descendue à Paris avec mon amie Michelle et je garde un souvenir ému de notre petite chambre, une des moins chères, qui donnait sur le jardin. Il n'y avait ni toilettes, ni douche, mais le bruissement des feuilles et le chant des oiseaux créaient l'illusion d'un certain luxe. J'avais même aperçu une pie voleuse.

Au fond, était-ce une illusion ? N'étions-nous pas riches de ce ramage, du clair de lune et du soleil qui tramait une dentelle d'or sur les pavés de la cour ? Nous étions jeunes, nous regardions la carte de la France, de l'Europe en nous disputant sur la prochaine destination et nous nous réconciliions dans des fous rires qui me donnent envie, chaque fois que je passe dans la rue Cardinal-Lemoine, de prendre une chambre pour revivre ces instants magiques où le monde nous appartenait. J'aurais une pensée pour Watteau qui habita cette rue et mourut si jeune ; je m'interrogerais sur la lumière unique de ses *Fêtes galantes,* me demandant si, comme Mozart, il avait voulu donner une œuvre étincelante avant de disparaître.

Je voyagerai sûrement de nouveau avec Michelle, nous sommes maintenant très sages, il n'y aura plus de chicane, mais toujours des éclats de rire. Michelle, qui est retournée souvent dans cet hôtel, doit d'ailleurs y être célèbre pour ses crises de gaieté…

Les chambres sont simples et confortables, propres et calmes. Oui, cet hôtel a un charme fou… Il est très prisé des Québécois. Il est donc conseillé de réserver des semaines, voire des mois à l'avance.

75, rue Cardinal-Lemoine
75005
43.26.79.23

Prix : Chambres : de 490 F à 570 F

Hôtel Esméralda

Un chat somnolait sur un des fauteuils grenat de la réception quand j'ai visité l'hôtel. Il a levé des yeux d'ambre dubitatifs avant de battre des paupières et de se pelotonner pour piquer son dix-huitième roupillon de la journée. Pourquoi s'énerver quand on vit dans une si bonne maison ? Les canapés sont profonds, les murs de pierre gardent une certaine fraîcheur et la maîtresse, Michèle Bruel, aime les animaux. Et la brocante. Et ses clients. La vie, quoi! Son hôtel est vraiment coquet, avec ses boiseries, ses papiers peints fleuris, ses portraits anciens, ses lampes des années trente. On se demande si on est dans la boutique d'un antiquaire ou dans une maison de poupées, mais quand on se penche à la fenêtre pour regarder Notre-Dame, on entend Paris, les cloches de la cathédrale, le klaxon des conducteurs impatients qui roulent sur les quais. Après quoi courent-ils? se demande-t-on en contemplant les tours qui ont inspiré Victor Hugo. On se dit qu'on ira bouquiner dans le square Viviani, juste en face de l'hôtel. Lira-t-on Dante, Rabelais ou Villon qui fréquentèrent l'église de Saint-Julien-le-Pauvre? Il n'en reste que l'église et le jardinet aujourd'hui, mais c'est là qu'on peut voir un robinier, le plus vieil arbre de la capitale.

4, rue Saint-Julien-le-Pauvre
75005
43.54.19.20. Fax : 40.51.00.68

Prix : Chambre occupation double avec salle de bains et vue sur Notre-Dame :
420 F - 450 F - 490 F
Chambre occupation simple sur cour avec douche et w.-c. : 320 F

Le Départ

En France, on peut acheter du vin partout et il n'est pas rare de voir des gamins sortir d'une boulangerie ou d'une épicerie avec une bouteille de bordeaux que leur maman leur a demandé de rapporter avec le Perrier, les oranges, le jambon blanc, les nouilles ou les pommes de terre. On est beaucoup moins puritain au sujet de la vente d'alcool qu'au Québec; c'est donc pourquoi il est paradoxal qu'on appelle « bars américains » les bistrots où l'on peut boire jusqu'au lever du soleil. J'aime particulièrement la chanson de Lanzmann et Dutronc *Paris s'éveille* parce qu'il m'arrive parfois de traîner toute la nuit en ville avec des copains et de m'émerveiller de la couleur irisée de l'aube se mirant dans la Seine vers six heures du mat'.

Mais où picoler passé trois heures ?

Le Départ est ouvert nuit et jour, et il est particulièrement bien situé : en plein cœur de Paris, juste à côté d'une borne de taxis, pas trop loin du Châtelet pour les personnes qui prendraient les bus de nuit pour rentrer. Le Départ n'a vraiment rien de spécial, mais la décoration intérieure est belle, la terrasse est vaste et les serveurs sont habitués aux touristes. On peut boire de la bière ou du vin et même grignoter pour éponger le trop-plein d'alcool... Ainsi on trouve des crêpes, des sandwiches, des omelettes, des tartines et des glaces. il y a aussi l'incontournable *banana split* qui doit rassurer les Américains, mais je préfère le liégeois et sa chantilly. Au menu du jour, on peut choisir entre un carpaccio (59 F), un gigot haricots verts (67 F) et un spaghetti carbonara (48 F).

1, place Saint-Michel
75005

Prix : Bière Heineken : 23 F pour 25 cl, 42 F pour 50 cl, 69 F pour 100 cl
Vin : côtes-du-Ventoux : 21 F pour 18 cl 27 F pour 35 cl, 46 F pour 50 cl
Sandwiches : 18 F Omelettes : de 23 F à 39 F Crêpes : de 29 F à 45 F
Salades : de 43 F à 48 F

Vous pouvez toutefois économiser en mangeant un petit casse-croûte avant d'aller au Départ : à vingt mètres de la place Saint-Michel, à l'angle des rues de la Harpe et de la Huchette, il y a une pâtisserie, Gargantua la bien nommée, où l'on trouve des hot-dogs gratinés (22 F), des crêpes sucrées (Nutella à 12 F ou Grand Marnier à 22 F) ou salées (jambon-fromage à 26 F, œuf-fromage à 22 F). Il y a des flans à 8 F, des tartes et des croissants à 3 F. On vous sert jusqu'à 5 h... on fait le ménage et on ouvre la boulangerie à 6 h 30. Et tout cela avec le sourire. Et beaucoup de patience envers les touristes qui ne parlent pas français. Mon ami Jean est même devenu copain avec la boulangère.

Mavromatis

Un des très rares bons restaurants grecs de Paris, Mavromatis n'a rien en commun avec les établissements du Quartier latin ou de la rue Mouffetard. Ulysse, Achille et Hector auraient eu du plaisir à se restaurer ici avant d'aller au combat : le caviar d'aubergines (98 F le kilo), le *tzatziki* (97 F), le taboulé (105 F), les champignons (94 F), les *dolmadès,* des feuilles de vigne farcies (120 F), les *spanakopita,* feuilletés aux épinards (16,50 F la pièce), sont des classiques de la cuisine hellénique. Toutefois, essayez le caviar d'olive, une belle crème aux nuances violacées, délicieuse sur du pita grillé, les calmars au thym frais, le *kréatopita,* feuilleté à la viande de bœuf au *kassèri* et à la menthe, les *kolokythokeftédès* (116 F le kilo), boulettes de courgettes au fromage de brebis et aux fines herbes, ou le chou farci à l'agneau et aux pignons (120 F). Pour ceux qui auraient envie de faire un pique-nique, Mavromatis propose diverses *pikilias* : ces assiettes variées offrent par exemple du tarama, des gambas, de la salade de poulpe et du taboulé (l'Égée : 56 F) ou les caviars d'aubergine et d'olive, les champignons à la grecque, les poivrons grillés et le *tzatziki* (la Cythère : 45 F). Il y a aussi des assortiments géants, composés d'au moins 9 éléments, des plateaux repas (102 F et

118 F) et des plateaux de luxe. Sur commande (48 heures à l'avance et pour un minimum de 4 personnes), on peut découvrir des plats tels le carpaccio de thon aux grains de sésame et aux câpres, le loup à la *spetsiota* (178 F pour 2 personnes), la fricassée de chevreau rôti (80 F par personne) ou l'estouffade de poulet fermier aux gombos (60 F par personne). Bon, c'est vrai qu'on prévoit rarement ce qu'on mangera dans deux jours, mais si vous avez loué ou échangé un appartement et n'êtes pas très tenté de faire la popote, c'est le moment de vivre une odyssée gastronomique.

Mavromatis vend aussi les pâtisseries, les condiments et les alcools grecs qui accompagneront votre repas.

4, rue de Candolle (restaurant)
75005
43.31.40.39

42, rue Daubenton (restaurant)
75005
43.31.17.17

47, rue Censier (traiteur)
75005
45.35.96.50

L'Empire Céleste

Mon amie Béatrice m'a emmenée à l'Empire Céleste par un beau dimanche de décembre 1985. L'air était humide et sentait la Seine glacée jusqu'au Panthéon, la nuit était tombée comme une fatalité et je n'avais aucune envie de sortir, mais comme Béatrice a toujours de bons plans, je l'ai suivie de bonne grâce. Elle est connue comme la louve blanche à l'Empire Céleste et se permet de taquiner François, le patron qui orchestre le service avec maestria depuis plus de vingt ans : c'est essentiel le dimanche soir quand les clients font la queue à la porte. Soyez rassuré, même si des gens attendent, vous aurez tout le loisir de déguster vos plats, mais il est plus que conseillé de réserver car tous les habitués rappliquent ce soir-là à l'Empire Céleste pour manger les raviolis… du dimanche : on ne fait ces pâtes farcies au porc que ce jour-là. Les portions sont immenses : une part de raviolis est bien suffisante en entrée pour deux personnes, un plat et deux bols de riz vous satisferont par la suite.

Je reviens aux fameux raviolis. Pour les apprécier, il faut impérativement les tremper dans une sauce que vous préparerez de vos blanches mains. Imitez Béatrice, demandez une coupelle, de la purée d'ail, du vinaigre. Ajoutez de la sauce soja et de la pâte de piment et touillez. C'est indigeste, je sais, mais tellement bon !

Il y a les classiques potages pékinois, aux asperges et au crabe, les beignets de crevettes, les pâtés impériaux, le poulet aux amandes ou aux ananas, le porc *chop suey,* le bœuf aux poivrons et des dizaines d'autres plats, mais je mange depuis des années le poulet ou les crevettes aux grains noirs et le bœuf émincé pimenté. Avec un bol de riz, mon bonheur est complet et j'oublie que je hais les dimanches.

La clientèle de l'Empire Céleste est très variée ; des clients viennent s'y restaurer depuis 1953 et leurs enfants et petits-enfants prennent la relève. On vient de tous les coins de Paris, huppés ou poulbots, pour manger les raviolis dominicaux dans une grande salle (100 places) divisée en sections, dont une non-fumeurs. Le décor est simple : banquettes de cuir bourgogne, murs écrus avec photos anciennes de Chinois. Mais ce décor plaît, rassure les habitués qui, après avoir été consultés par le patron, l'ont convaincu de ne surtout pas faire de rénovations !

5, rue Royer-Collard
75005
43.26.80.49

Prix : Potages : de 16 F à 20 F Entrées : de 20 F à 45 F Plats : à partir de 33 F
Menus à 53 F et 96 F
Vins : Rosé de Provence : 59 F Bières : Carlsberg : 19 F Tsing Tao : 20 F Côtes-du-Rhône : 54 F Mâcon : 86 F

Toutoune

Madame Toutoune n'est pas du tout « toutoune » même si elle passe ses journées à la cuisine. C'est une injustice que certaines personnes puissent manger de tout sans grossir, mais j'ai trop aimé ses cagouilles sur feuilleté aux tomates concassées pour lui tenir rigueur de sa chance... Je retournerai goûter sa cuisine provençale, qui a le grand mérite de démolir le mythe de l'ail souverain et même tyrannique dans les plats du Sud de la France. Je n'ai pas été obligée de croquer des grains de café, du persil et des pastilles après avoir dîné chez Toutoune ; l'ail ne domine pas dans sa cuisine. Quand il est employé, c'est avec subtilité. Mon compagnon d'« épicurisme », Bruno, avait choisi une soupe de melon qui donnait l'impression que le fruit venait d'être cueilli, et nous avons tous deux apprécié le potage Bercy, qu'on sert à tous les clients avant de leur apporter entrées et plats. Cette crème de chou-fleur était délicieuse, et là encore, on devinait l'absolue fraîcheur du produit. Le lapereau grillé et sa polenta aux cerises était un plat vraiment réussi ; la viande s'effeuillait sous la fourchette, dodue mais bien cuite, et les gâteaux de polenta au goût salé-sucré étonnaient agréablement. Le filet de rascasse aux petits champignons de Paris était nappé d'une sauce onctueuse parfaitement assaisonnée : il n'y a ni sel ni poivre sur les tables du restaurant, mais nous n'avons aucunement éprouvé le besoin d'en réclamer. Il y avait aussi au menu un foie de veau au vinaigre balsamique et spaghettis de courgettes, un dos de cabillaud rôti et sa purée de fenouil, une fricassée de volaille fermière, une échine de porc braisée. Les plats changent quotidiennement mais la patronne garde toujours une terrine en entrée, des escargots et des rognons de veau car ils sont les chouchous des habitués. Au dessert, le fondant au chocolat sauce pistache était aussi joli à l'œil que bon pour le palais, tandis que le blanc-manger aux fruits confits me suggérait le mot qui m'était venu à l'esprit durant tout le repas : fraîcheur, indéniable fraîcheur. Je me répète, mais cette qualité faisait que tous les aliments avaient leur goût propre, les saveurs bien précises s'équilibraient, se répondaient joyeusement.

Le décor est sympa avec ses nappes provençales dans des tons chauds et ses petits cactus rigolos. Le service est fait avec professionnalisme, nous avons été accueillis avec le sourire même s'il était près de 13 h 30. Mais Toutoune doit avoir l'habitude des retards puisqu'elle a travaillé quelques années pour la télévision ; elle y donnait les recettes de sa cuisine de soleil… sans moustiques !

Un gros plus pour une ambiance musicale qui sied à une cuisine si française : Nougaro, Lama, Hardy, Moustaki, Souchon, Sardou, Dutronc…

5, rue de Pontoise
75005
43.26.56.81

Prix : Menu à 158 F : entrée, plat, dessert
Vins : côtes-du-Ventoux : 78 F Pouilly-fumé de 93 F à 205 F
Bandol, Mas de la Rouvière : de 91 F à 140 F
Château Ferry-Lacombe 1994 (côtes-de-Provence blanc) : 130 F
Pessac-léognan, châteauneuf-du-pape Clément, 4ᵉ grand cru classé : 460 F

Fermé le dimanche et le lundi midi

Tashi Delek

Une cuisine à l'image des Tibétains, agréablement non violente. Les goûts sont vraiment pacifiques ; si on utilise les pâtes, le riz, si on offre des bouchées à la vapeur comme en Chine, les piments sont proscrits ici. Les légumes et les viandes sont souvent cuits dans du bouillon, l'idée de soupe est omniprésente (de 17 F à 23 F). Les portions sont moyennes, ce qui permet de goûter à plusieurs spécialités : le *ten thoug*, pâtes servies avec bouillon, viande, légumes et fromage (38 F), le *tangnok*, raviolis farcis de viande (avec du bouillon, bien sûr), les délicieux *tsel pakoril*, des beignets de légumes pas du tout gras (36 F), les *langcha momok*, de petits chaussons farcis au bœuf, à l'oignon et à la coriandre (38 F) ou encore le *kachechamdre*, un curry de gigot d'agneau servi avec le *dal*, des lentilles jaunes

(62 F). On mange lentement, le service est affable et on a tout le temps de regarder l'artisanat tibétain qui décore le restaurant.

4, rue des Fossés-Saint-Jacques
75005

43.26.55.55

Vin : Bouteille de rosé de Provence : 45 F Beaujolais : 74 F Bière : 22 F
Eaux minérales : 16 F Thé tibétain au beurre rance : 10 F (Je n'ai pas encore essayé...)
Il y a une salle non-fumeurs

Perraudin

Tous les étudiants de Paris connaissent cette adresse et y retournent après avoir refermé les livres qu'ils potassaient pour leurs cours à la Sorbonne. Les touristes aussi aiment ce lieu si *frenchie,* mais Mme Perraudin trouve toujours une place pour ses habitués. J'espère qu'elle ne m'en voudra pas de donner son adresse dans ce guide... mais on mange bien dans son restaurant, à des prix très corrects et l'atmosphère familiale est plaisante ; on s'attend à ce que les voisins qui viennent dîner aient leur rond de serviette sur les nappes à carreaux rouges et blancs. La cuisine est simple et bien faite : crudités, terrine de campagne, chèvre et sa frisée, quiche, tarte à l'oignon, tomate-mozzarella en entrée (éviter les artichauts vinaigrette, en conserve), et les plats mitonnés ont un tel succès qu'on déguste le gigot et son gratin ou le confit de canard même en plein été. J'aime bien le bœuf bourguignon généreusement nappé d'une sauce au vin (pas trop salée comme c'est souvent le cas) ou l'andouillette, mais mon cher Bruno soutient que je devrais essayer le saumon à l'oseille.

On entend parfaitement la conversation des voisins car on mange souvent à la même table qu'eux ; au dessert, ce ne sont plus des inconnus. Gageons que plusieurs amitiés se sont nouées à l'auberge Perraudin.

157, rue Saint-Jacques
75005
46.33.15.75

Entrées : autour de 39 F Plats : autour de 59 F Dessert : crème caramel à l'orange : 28 F Mousse au chocolat : 28 F Tarte Tatin : 36 F Vins : Saumur-champigny : 80 F Gamay de Touraine : 66 F Médoc saint-christophe 1989 : 120 F Cahors : 88 F

Fermé le samedi midi, le dimanche et le lundi midi

Chat Huant

Il y a des bijoux et des vêtements ethniques, mais cette boutique est surtout spécialisée dans la calligraphie : papiers, plumes, sceaux ; vous trouverez tout ce qu'il vous faut pour écrire une lettre d'amour inoubliable. On peut acheter des papiers de riz de Shoji, de Ten Ryu ou de Xuan en rouleaux ou en feuilles, des encres, des stylos-pinceaux du Japon (292 F), des coffrets de calligraphie chinoise (140 F ou 290 F), du papier accordéon pour étirer le soleil couchant ou croquer tous les ponts de la Seine, des sceaux à vos initiales ou animaliers (entre 110 F et 220 F), des tampons malais (30 F) et des cires à cacheter en billes (48 F) ou en bâton (de 20 F à 26 F). De quoi oublier un moment le téléphone, le fax, le répondeur et l'Internet…

52, rue Galande
75005

Fermé le lundi matin

Bête Curieuse

Est-ce que les Québécois seraient en train d'envahir le 5e arrondissement ? Tout près de la Librairie du Québec et du bar L'Envol, rue de Lacépède, on trouve une boutique pas bête du tout tenue par Carole Lussier et Marie Vanasse, des mamans néoparisiennes qui ont ouvert Bête Curieuse voilà un an. Les lieux sont consacrés au bricolage et aux travaux manuels : qu'il s'agisse de pâte à modeler, de matériel pour réaliser un masque, un costume ou une poupée, de peinture, de papier au pelage d'animaux, de lanières pour les scoubidous, de pochoirs et, bien sûr, de tabliers, tout a été testé par les enfants des proprios. La boutique est ainsi très joliment décorée, très gaie, très attrayante. Je parie que les mômes ont bien des copains à l'école...

Prix à partir de 5 F. Comptez environ 75 F pour réunir une bonne base pour le bricolage. Signalons une poupée en tissu toute blanche, sans visage, que l'enfant dessinera avec des feutres. On peut la laver, tout s'efface et on recommence. Ah! si on pouvait parfois changer de tête aussi facilement!

2, rue des Fossés-Saint-Jacques
75005
46.34.76.91

HG Thomas

Je suis plus attirée par les bijoux et les livres, mais j'avoue que Bruno avait raison de m'emmener chez HG Thomas; l'homme aime les belles choses et ce n'est pas étonnant que plusieurs de ses clients soient des architectes et des décorateurs. Ils viennent faire des achats... et voir ce que font leurs confrères. On trouve évidemment les produits de Philippe Starck, le pape du design, mais il y a des dizaines d'autres gadgets intéressants, séduisants; des cendriers en verre coloré (147 F), des décapsuleurs Diabolix en plastique rouge, turquoise ou gris (85 F), une minuscule panoplie de tournevis (6 pointes pour 148 F), des Laguiole dessinés par Starck (de 485 F à 726 F), une lampe Baladin à gaz (445 F), les montres Akteo (autour de 500 F) et une série de sacs de voyage dans des tissus résistants, lavables à la machine et si colorés que vous ne pourrez jamais confondre votre bagage avec celui d'un autre voyageur, même après vingt-trois heures de vol! Cette année, Hervé Gérald Thomas avait élu toutes les nuances de l'orangé sur fond noir, mais que nous réserve-t-il dans quelques mois?

36, boulevard Saint-Germain
75005
46.33.57.50

Diptyque

Dans cette boutique, on pense aux vers de Baudelaire « Là, tout n'est qu'ordre et beauté, Luxe, calme et volupté ». On se repose en entrant chez Diptyque, la lumière vermeille se reflète dans les bouteilles d'eau de toilette sagement rangées et l'odeur d'herbe, d'épices et de cire qui vous accueille dispose à prendre votre temps pour choisir une bougie parfumée. L'embarras est grand : amande, aubépine, figuier, seringa, santal, jacinthe, foin coupé, laurier, lierre, lavande, verveine, cuir, cannelle, iris, héliotrope, jasmin, lilas, oranger, réséda, cèdre, aster, genêt, opopanax (c'est une ombellifère qui pousse en Europe et en Asie) ou mimosa. On peut se procurer plusieurs de ces senteurs en essences et les eaux de toilette jouent aussi les notes épicées, musquées ou d'herbe. Des notes plus végétales que sucrées, pas trop fleuries. *L'ombre dans l'eau,* par exemple, est composée de sève de feuille de cassis et de roses de Bulgarie, *L'eau trois,* de pin, de laurier, de thym, de romarin, de myrrhe, de myrte, d'origan et de ciste ; *Philosykos* s'inspire du figuier ; *Olene,* de la glycine.

Un jardin de sulfures égayait la vitrine de la boutique quand j'y suis allée ; elles existent en quatre tailles et évoquent aussi la végétation (165 F, 195 F, 255 F et 395 F).

34, boulevard Saint-Germain
75005
43.26.45.27

Bougie : 144 F Essence : 112 F
Eau de toilette : 100 ml : 155 F 230 ml : 235 F
Boîte de trois savons (300 g) : 144 F

Librairie du Québec

J'ai tellement vanté la Librairie du Québec que le bruit a couru que j'étais la blonde du patron. C'est faux, mon cœur est toujours à prendre. Et le sien aussi. Ce qui est vrai, cependant, c'est que j'admire le travail de Robert Beauchamp. Il a réussi à faire de la Librairie du Québec un lieu dont tous les Québécois peuvent être fiers. Ayant ouvert ses portes le 4 septembre 1995, cette librairie a vite attiré le lecteur français, que Robert Beauchamp définit ainsi : « Curieux, intéressé, vite fidélisé, le Français suit les suggestions du libraire, dépense volontiers et repart avec plus d'un ouvrage concernant le sujet qui le captive. Le touriste achète des livres sur le Québec, mais également sa littérature, pour mieux saisir l'esprit du pays. »

Je suppose que vous n'achèterez pas à Paris des livres québécois, mais je tenais à écrire quelques lignes sur cette librairie, car c'est maintenant le centre culturel québécois par excellence : il y a des animations tous les jeudis, soit des lectures de textes, des rencontres avec des auteurs, des lancements, des cocktails, et il y a un espace galerie où l'on peut voir le travail de nos compatriotes. Sur les 40 000 titres inscrits au catalogue des libraires québécois, la maison de la rue Gay-Lussac en a retenu 8 000. Contrairement à ce que j'imaginais, ce ne sont pas les livres sur les grands espaces blancs, les Indiens et la belle province des cousins qui se vendent en premier, mais la littérature. Eh oui ! on lit Tremblay, Poulin, Hébert, Laberge, Proulx avec intérêt de l'autre côté de l'Atlantique... grâce, je le répète, au travail de Robert et de son équipe. C'était nécessaire qu'un tel lieu existe ; allez constater les résultats de la passion et de la persévérance.

30, rue Gay-Lussac
75005
43.54.49.02

6ᵉ ARRONDISSEMENT

Osteria del Passe Partout

Je n'étais pas retournée depuis des années dans cette trattoria tout près de la place Saint-Michel quand Robert m'a suggéré d'y dîner. Et au fur et à mesure que je goûtais les plats, je me demandais pourquoi je n'étais plus allée rue de l'Hirondelle. C'est bon, sympa et abordable : que demander de plus ?

La salle est petite, vous touchez presque votre voisin du coude, mais la cuisine fait oublier cette promiscuité à laquelle vous serez sûrement habitué à la fin du repas. Les salades sont à l'honneur en entrée : tomate-mozzarella, épinards, noix et gorgonzola, avocat et crevettes, orange, fenouil et olives noires, caviar d'aubergines, et un pur délice, le caviar d'amandes et d'olives vertes. Plus robustes, la mousse de foie de volaille, le *bresaola* (bœuf séché) ou le jambon de pays... Les *fettucini ai funghi,* aux champignons, les *fusilli* aux tomates ou les raviolis farcis aux épinards et à la ricotta sont délicieux ; ils ont le charme de la simplicité. On offrait une assiette dégustation de pâtes, mais le carpaccio me souriait irrésistiblement au menu. Je voulais essayer le bœuf cuit au vin rouge, l'escalope de dinde au parmesan ; j'ai encore choisi la viande crue. Les tranches très minces étaient égayées par des lamelles de parmesan et de fenouil ; la chair était goûteuse, d'une couleur engageante, et l'assiette, bien que satisfaisante, m'a laissé une petite place pour le dessert. Robert m'a vanté les mérites de sa compote de fruits, je pensais qu'il insistait sur ses qualités pour s'en convaincre lui-même, mais j'admets qu'elle était savoureuse. Toutefois, je me refusais à prendre des calories pour un dessert si sobre ; j'ai donc opté pour le *tiramisu*, îlot de *mascarpone* chocolaté qui a fait l'envie... de Robert et qui aurait peut-être inspiré Baudelaire, Verlaine et Apollinaire qui fréquentaient la rue de l'Hirondelle...

20, rue de l'Hirondelle
75005
46.34.14.54

Prix : Entrées : 40 F-50 F Pâtes : 50 F
Plats : 65 F-75 F
Menu à 86 F : choix entre 3 plats et un dessert (compote, tiramisu ou gâteau chocolat
Menu à 94 F : choix entre entrée de salade, carpaccio, plats du jour ou cabillaud et dessert (compote, tiramisu, roulé au chocolat)
Menu à 130 F : choix d'entrée entre toutes les salades inscrites au menu, ou toutes les pâtes, et ensuite entre tous les plats et la carte des desserts
Bouteille de vin : 80 F et +, mais pichet à 35 F

Le Procope

Il n'y a pas un guide où le Procope n'est pas cité, car c'est le plus ancien restaurant de Paris. En effet, un Sicilien venu de Palerme, Francesco Procopio dei Coltelli, y a vendu ses premiers cafés aux Parisiens en 1686. Voltaire, Beaumarchais, Rousseau, Diderot, d'Alembert, puis par la suite Sand, Musset, Balzac, Hugo, Gautier et Verlaine, sans oublier les « politiques » Danton et Marat, avaient adopté l'établissement. Si les touristes y sont plus nombreux aujourd'hui, c'est qu'ils font preuve de moins d'a priori que les Parisiens. J'ai péché par snobisme, croyant qu'un endroit prisé des étrangers ne peut être que folklorique et décevant. Je ne suis donc allée que tout récemment au Procope pour me mordre les doigts d'avoir tant attendu.

Les lieux sont évidemment chargés d'histoire, avec un penchant marqué pour la Révolution. Il y a des gravures, une bibliothèque, des tableaux aux murs tendus de draperies rouges. Les moulures dorées, les miroirs et les lustres de cristal étincellent, jetant leurs feux sur les fleurs séchées et les nappes d'une impeccable blancheur. Essayez donc de trouver, le midi, un restaurant qui vous offre un service de cette qualité pour 76 F, en plein cœur de la capitale !

On fait son choix entre des tomates confites au pistou, un œuf en gelée et des rillettes de poissons fins, puis entre un tartare très moelleux, bien épicé, et des frites dorées et fermes, une truite pochée à l'estragon, un émincé de volaille au citron et un carpaccio et sa salade. Pour 106 F, vous ajoutez le dessert à ce menu (vacherin, coupe glacée, crème caramel ou dessert du jour). Il y a aussi une formule d'été à 167 F : huîtres Creuses de Bretagne, terrine de poireaux ou de foies de volaille, soupe de melon très rafraîchissante, puis un merlan Colbert, un faux-filet grillé maître d'hôtel, un saumon frais sauce champagne ou un coq au vin avec des pâtes au beurre. Ma voisine avait choisi ce plat et je n'ai pu résister à l'envie de l'imiter tant le fumet qui montait des casseroles de cuivre qu'on venait de lui apporter était enivrant. Je n'ai pas regretté de l'avoir copiée : la volaille marinée dans le vin rouge, les petits oignons, les lardons, rien ne manquait à la tradition. Au dessert, j'ai goûté avec beaucoup de perversité un parfait café — je suis insomniaque et ne bois que du décaféiné, mais j'ai craqué et j'ai pu repenser à ma gourmandise une partie de la nuit... La prochaine fois, je serai sage et je goûterai la crème brûlée ou le chèvre frais au miel.

La carte est plus chère si vous choisissez un foie gras (119 F) ou un tartare de saumon (92 F), un cœur de filet de bœuf au poivre (148 F), des aiguillettes de canard à l'orange (118 F) ou la sole grillée (137 F), mais il y a un menu à 123 F dès 23 heures.

Précisons que les glaces et les sorbets avaient fait le succès du *signor* Procopio et que la maison entend vénérer l'âme du fondateur.

Enfin, le service est impeccable. J'étais mal habillée, en sueur et décoiffée quand je me suis présentée au Procope mais je n'ai pas senti l'ombre de la plus petite condescendance envers la plouc qui débarquait à 14 h 30 pour déjeuner. Le maître d'hôtel était souriant, et Evi, une Munichoise qui s'occupait de nous, a dû briser bien des cœurs dans son Allemagne natale. Joyeuse, empressée, efficace, elle nous a servis en ondoyant entre les tables (rapprochées mais pas collées) avec beaucoup de grâce.

13, rue de l'Ancienne-Comédie
75006
40.46.79.00

Prix : Menus à 76 F et 106 F (de 11 heures à 20 heures)
Menus à 167 F et à la carte (de 11 heures à 1 heure sans interruption)
Vins : À partir de 82 F (un vin du pays de Gard) jusqu'à... 880 F
(un saint-émilion 1er grand cru, un Château Cheval Blanc 1984)
Pichet de 50 cl : 44 F Espresso : 15 F

Vagenende

Avec ses beaux miroirs biseautés, ses boiseries dans le style nouille de l'Art déco, ses lampes à globe de verre, Vagenende est un lieu historique et les touristes qui s'y pressent s'extasient sur la richesse des lieux. Mais attention! bien qu'il soit situé sur un des boulevards les plus courus par les étrangers, le Vagenende attire aussi les Parisiens depuis près d'un siècle ; ils aiment ce restaurant où ils retrouvent des plats tels le chateaubriant béarnaise (128 F), l'andouillette (82 F), le tartare (82 F), l'escalope de saumon à l'oseille (92 F), le filet de bœuf flambé au poivre (132 F). Les entrées sont tout aussi classiques : chèvre chaud au thym sauvage, os à la moelle, escargots (qu'on peut commander par 6, 9 ou 12), harengs marinés, soupe de poisson et sa rouille, (entre 43 F et 55 F). Peu de surprises, mais de la belle ouvrage et un menu intéressant à 135 F : tartare de saumon, terrine de campagne ou mesclun de salade landaise (gésiers et foie gras) en entrée, suivis d'un filet mignon de porc, d'une fricassée de poulet fermier ou d'un dos de saumon grillé, d'un fromage *et* d'un dessert : parfait au chocolat, baba au rhum ou la palette de sorbets. Il y a également une entrée et un plat du jour à ce menu. Le service continu de 12 heures à 1 heure est un plus dans ce quartier où l'on déambule avec plaisir, mais où il arrive parfois que la porte du petit restaurant qu'on avait repéré dans un guide soit close après 22 heures...

Et pour ceux qui traînent, qui goûtent ces soirées qui appellent les confidences, ces soirées dont on sait avant même de s'asseoir qu'on « fermera » le restaurant, le Vagenende est tout indiqué. Je garde précieusement le souvenir d'un dîner avec mon ami Jean-Pierre, les heures s'évanouissaient doucement... le bon vin aidant. Nous tentions de vérifier la véracité du dicton :

Blanc sur rouge, rien ne bouge.
Rouge sur blanc, tout fout le camp !

L'expérience n'ayant pas été concluante, nous devrons recommencer...

142, boulevard Saint-Germain

75006
43.26.68.18

Poilâne

Un des boulangers les plus populaires de Paris : on trouve les miches croustillantes du roi des pains dans 300 restaurants de la capitale et je peux même en acheter chez mon fromager des Lilas. Mais manger un bout de pain tout nu, même délicieux, est un peu ennuyeux. C'est pourquoi ma copine Isabelle, qui travaille tout près, s'est réjouie de l'ouverture d'un petit salon de thé jouxtant la boulangerie. On peut croquer un sandwich rillettes, sardines et thon (45 F), poulet, anchois et câpres (52 F), ou un sandwich italien : tomates, huile et aromates (25 F), au chèvre Cabécou (40 F) et même Régime : carottes, cottage, céleri (33 F). Une salade accompagne les sandwiches. Avec un petit verre de menetou-salon (15 cl : 25 F), ou un jus de fruits frais (28 F), c'est un bon déjeuner sur le pouce entre deux sessions de magasinage... de souliers. Tiens, la rue du Cherche-Midi compte plusieurs marchands de chaussures. Des pompes plutôt chères, mais si vous pouvez profiter des soldes (dès la fin juin)...

8, rue du Cherche-Midi
75007

Orient-Extrême

Bernard Palissy fut un grand céramiste; il appartient même au folklore des images d'Épinal. Selon la légende, n'ayant plus les moyens d'acheter du bois pour alimenter un feu, l'artiste aurait brûlé ses meubles afin de poursuivre ses recherches sur le procédé qui serait à l'origine de la céramique. Le sieur Palissy serait sûrement curieux de savoir comment les Japonais réalisent les céramiques aux tons corail et varech. J'avoue que je pense plus au contenu qu'au contenant — même si j'apprécie la belle vaisselle — quand je m'attable à l'Orient-Extrême; j'y suis allée un soir déguster une fondue qui était très bonne, et j'y suis retournée pour déjeuner avec Florence, Isabelle et Marie-Françoise qui m'ont recommandé le « midi express ». Excellent choix : pour 89 F, on a droit à une soupe miso, une salade (avec crabe), quatre brochettes et un bol de riz. Le « midi-bento » offre en plus les sashimis (110 F). Mon amie Monique me pousserait sûrement à partager avec elle l'assiette de sushis et sashimis variés à 258 F, mais je ne doute pas que la tempura de crevettes et légumes (93 F) ou les gambas grillées (102 F) soient intéressantes. Si je vous donne ici un menu succinct, c'est que je n'ai pu retourner à l'Orient-Extrême dernièrement; on fermait pour rénovation. Espérons que la cuisine n'aura pas changé car c'est un des meilleurs restaurants japonais de Paris. Isabelle y a même vu Catherine Deneuve venue manger en voisine...

4, rue Bernard-Palissy
75006
45.48.92.27

Bière japonaise : 45 F Flacon de saké : 42 F

Mariage Frères

Cette vénérable maison fondée en 1854 est le temple du thé. Béotienne, je savais que le thé venait de l'Asie, qu'il y en avait du vert et du noir, que les Anglais l'adoraient depuis qu'ils s'y étaient accoutumés dans leurs colonies. J'ai découvert en arrivant à Paris que les Français en boivent beaucoup au petit-déjeuner et qu'il y a donc un constant va-et-vient chez Mariage. On pense moins à la cérémonie nuptiale qu'à la cérémonie du thé quand on pénètre dans cette superbe boutique où l'on peut acheter des thés provenant de Chine, du Sri Lanka, de Taiwan, de la Corée, de Thaïlande, du Viêtnam, de l'Inde et du Japon, mais aussi de l'Australie, du Kenya, de la Tanzanie, de l'Argentine, de la Russie, de la Turquie, du Cameroun. Il y a les mélanges classiques aux noms enchanteurs : Afternoon tea, Roi de Siam, Sultane, Grand Mandchou, Nostalgie, Confucius et Thé des poètes solitaires... À quand le thé des romanciers en retard pour ce qui est de la remise de leur texte ? On trouve aussi des thés de fantaisie, aromatisés aux fruits — papaye, noix de coco, coing, orange amère, rhubarbe —, aux épices, au miel, au rhum, à la violette, au peppermint et même au ginseng. Les mélanges parfumés invitent au voyage : Rushka, Chandernagor, Pharaon, Montagne d'or, Jamaïque, Riviera, Marco Polo... Oui, « allons là-bas vivre ensemble » et choisir parmi les 460 parfums.

Il y a également un salon de thé où l'on peut déguster des spécialités à base de thé et un brunch (très cher) le dimanche.

Les prix tournent autour de 30 F les 100 g, mais le Yin Zhen, de Fujian, en Chine, est à 450 F (les 100 g), le Sencha Uji du Japon à 250 F alors que l'Aproandes, Bop de l'Équateur est à 12 F.

13, rue des Grands-Augustins
75006
40.51.82.50

30, rue du Bourg-Tibourg
75004
42.72.28.11

Tradition Renouée

La seule boutique de Paris, de la France, de l'Europe et peut-être même du monde à se spécialiser en passementerie. On vient de renouer avec la tradition ancestrale. Geneviève Perrin, se souvenant de l'atelier que son grand-père avait ouvert en 1904, a décidé de reprendre le flambeau et offre un éventail d'accessoires dans 95 coloris! Cette forme de tissage particulière donne des lignes sobres, épurées, mais l'arc-en-ciel dans lequel on teint les fils de rayonne blancs avant de les monter sur de vieux métiers à tisser d'avant-guerre apportent une jolie touche de fantaisie. Fabriqués à Saint-Chamond dans la région stéphanoise (près de Lyon), les sacs, les ceintures et les vide-poches (qui ressemblent à des chapeaux péruviens) font concurrence aux accessoires de décoration comme les brandebourgs ou les ronds de serviette, et on trouve des boucles d'oreilles et des boutons qui peuvent métamorphoser le veston le plus strict, la robe trop simple.

On peut également commander des modèles dans différentes couleurs s'ils ne sont pas en magasin. Vous avez acheté un tailleur d'un magnifique bleu persan, mais vous ne l'avez pas encore porté car vous cherchez depuis des mois le sac assorti? Vous avez accroché des draperies somptueuses dans votre salon, mais la recherche des cordons qui compléteraient l'ensemble ressemble à la quête du Saint-Graal? Il suffit de vous présenter rue de l'Odéon et de choisir la teinte qui vous séduira; on exécutera votre commande en moins de quinze jours.

Il y a une douzaine de modèles de sacs à main, pour le jour et pour le soir, du très chic au plus pratique. On les porte autant avec une tenue de cocktail qu'avec des jeans et on est certaine de ne pas voir le même sur le trottoir d'en face. Trottoir qui a été, rue de l'Odéon, le tout premier de Paris…

8, rue de l'Odéon
75006
40.51.08.67

Prix : entre 400 F et 1 000 F
Ouvert de 11 heures à 20 heures

Scandia

Je sais très bien que vous ne rapporterez pas de tulipes en bois porte-essuie-tout dans vos bagages et je suppose que vous y penserez à deux fois avant de vous encombrer de la superbe cristallerie Kosta Boda, mais cette boutique scandinave offre un très beau choix de mobiles, tous plus délicats les uns que les autres, en carton mince, coloré et découpé avec une étonnante précision. De la dentelle, oui, pour une sorcière, une poule et ses poussins, des fleurs, un cygne, des chevaux, des bateaux, des pingouins, des avions, des fruits. Légers, plats, parfaits pour la valise... C'est le mobile d'une femme qui jardine qui a attiré mon attention, me faisant immédiatement penser à ma mère qui adore les fleurs et les légumes (de 17 F à 85 F).

On trouve aussi des boucles d'oreilles et des broches provenant de Finlande, en bois et en métal, aux motifs abstraits (autour de 100 F), des bougeoirs, des jouets en bois et des sabots ainsi que des paillassons rigolos (100 F ou 150 F).

9, rue de l'Odéon
75006
46.33.82.99

3, rue de Rivoli
75004
42.72.82.99

La Maison Ivre

On aime toujours rapporter des souvenirs de voyage. Il doit y avoir une centaine de boutiques qui vendent l'obélisque de la Concorde en métal et en plastique, des Sacré-Cœur en plâtre, des tee-shirts aux couleurs phosphorescentes et des tabliers bleu-blanc-rouge décorés d'une carte de la ville. Quand vous vous promènerez dans le 6ᵉ arrondissement, profitez-en pour acheter des torchons (70 F) à La Maison Ivre ; ils sont beaux, originaux et... légers. Les cotons sont de qualité, les thèmes variés : citrons, cocotiers, verres, poissons. Ceux qui ont retenu mon attention représentent la tour Eiffel, avec un texte de Giraudoux et l'Arc de triomphe. Je reproduis ici les paroles de Napoléon Bonaparte qu'on a imprimées sur le joli torchon :

Une femme a besoin de six mois à Paris pour connaître ce qui lui est dû et quel est son empire.

Les fuseaux de lavande aux couleurs joyeuses (159 F) sont aussi typiques, comme les nappes, les serviettes et les napperons qui évoquent la Provence. Les poteries artisanales et les céramiques sont l'œuvre d'une trentaine d'artisans et certaines pièces allant au four vous donnent envie de cuire un clafoutis ou un gigot au romarin.

38, rue Jacob
75006
42.60.01.85

Ouvert de 10 h 30 à 19 h

Jacques A. Gautier

Une minuscule boutique qui se doit de ressembler à un écrin pour contenir des parures aussi belles que celle de Jacques A. Gautier. La comédienne Marie-Christine Barrault compare les bijoux de ce dernier à des morceaux d'étoiles éclatées. J'ajouterais qu'ils rappellent les ailes des scarabées ou des morphos, qu'ils ont la profondeur d'un regard de chat, la luminosité des feuilles au printemps, l'éclat des fonds marins, les lignes parfois étiques des arbres en novembre et l'opalescence de la neige. Les formes sont souvent pures, cousines de l'Art déco, mais elles évoquent aussi les bijoux incas ou les fleurs d'un jardin, et l'émail sur argent a de tels reflets qu'une sensation de chaleur et de joie se dégage de ces trésors.

Jacques A. Gautier a embelli bien des femmes en cinquante ans ; j'imagine le délicieux dilemme d'une Parisienne hésitant entre un collier vert émeraude et un vert amande, une broche saphir et une bleu de Chine, des boucles absinthe et des boucles topaze. Je comprends que des touristes deviennent de fidèles clientes et reviennent à chacun de leur séjour dans la capitale, conscientes du travail unique du maître, redoutant le temps qui passe et qui pourrait leur ravir leur créateur, se disant ensuite qu'un tel homme est éternel puisqu'il a sûrement pactisé avec les anges pour engendrer ces merveilles.

Ce n'est sûrement pas Anne qui nous accueille avec tant d'aménité rue Jacob qui me contredira ; sous le charme des bijoux depuis plus de dix ans, elle est éblouie quand elle pousse la porte de la boutique.

Les prix vous paraîtront peut-être élevés (comparés à ceux des autres boutiques sélectionnées pour ce guide), mais le travail de Jacques A. Gautier est vraiment original et unique à Paris.

36, rue Jacob
75006
42.60.84.33

Prix : Petites boucles pour oreilles percées : 450 F
    Clips pour oreilles : de 700 F à 1 500 F
    Pendentifs : de 1 500 F à 3 000 F
    Colliers avec chaîne : à partir de 1 100 F
    Colliers (tout en pierres) : à partir de 4 000 F
    Bagues : à partir de 1 300 F
    Broches (dont un très beau croissant de lune) : à partir de 100 F

Rue Saint-Placide

Cette rue est quasiment réservée aux enfants. Ces derniers seront sûrement excités par le Train Bleu, immense magasin de poupées, de maquettes, de gadgets, de miniatures, de jeux éducatifs, de panoplies et de trains, bien sûr, qui semblent passionner aussi les grands garçons si j'en juge d'après la clientèle que j'y ai vue ce samedi. On doit parfois attendre d'avoir atteint la trentaine pour pouvoir s'offrir certains trains : une locomotive qui mesure trois centimètres peut coûter plus de 2 000 F... J'ai admiré le train doré, une reproduction du Rheingold de 1928 avec locomotive, fourgon à bagages et quatre voitures-salons, mais son tirage limité indiquait bien que je pourrais me payer un voyage à bord de l'Orient-Express pour le même prix.

S'il s'agit de vêtements, vous avez l'embarras du choix. Dipaki, Lara et les garçons, Fadoche, Du pareil au même voisinent avec Vert Paradis, mon préféré, et on peut acheter des sandales, des mocassins, des bottines, des tennis ou des ballerines en cuir mat ou verni ou en tissu Aux Petits Petons. C'est aussi dans la rue Saint-Placide que gambade Le Mouton à cinq pattes depuis des années ; c'est une institution que connaissent toutes les Parisiennes. On y déniche, si on n'a pas peur de fouiller (et même de se battre), des vêtements dégriffés de qualité. Mais le succès de ces magasins (pour homme et femme également) attire toujours tout un troupeau... Il faut des nerfs solides et aimer vraiment magasiner pour y trouver son bonheur. Je pense qu'il n'y a que la mère de mon amie Louise qui saurait plonger dans ce capharnaüm ; elle nous avait quasiment achevées en nous entraînant dans toutes les boutiques d'un centre commercial de Chicoutimi par un beau vendredi soir de novembre 1984... Trouverait-elle son maître en ce Mouton trop populaire ? Bonne chance à tous.

Le Dauphin Voyageur

On dit que le dauphin est un des mammifères les plus intelligents : la boutique qui porte son nom lui fait honneur car tous les jouets ou objets qui s'y trouvent sont originaux, pratiques, solides et attrayants. Isabelle, maman de Pierre et de Sarah, m'a vanté le Dauphin Voyageur et je regrette de ne pas avoir connu avant cette adresse ; mes neveux et nièces auraient bien apprécié ! La boutique est toute petite, au fond d'une cour où les enfants peuvent essayer le tricycle de leurs rêves, mais s'il vous semble qu'il y a peu de choses à l'intérieur, c'est que c'est bien rangé et que plusieurs clients ont déjà consulté le catalogue... ce que vous pouvez faire sur place. Vous n'avez ensuite qu'à demander le coussin-confort n° D02 01012 ou la combinaison trapèze D05 04001. Le seul inconvénient à consulter le catalogue sur place, c'est que vous aurez moins de volonté pour freiner vos envies. Car il y a tout ce que vous pouvez souhaiter pour vous simplifier la vie et séduire vos petits. Le « porte-moi » est le champion toutes catégories ; ce porte-bébé soutient parfaitement l'enfant. Plus de maux de dos pour les parents et quatre positions possibles, il existe en deux tailles, en coton ou en velours côtelé et se lave à la machine. Il vient de Grande-Bretagne. Eh oui, le Dauphin est un vrai voyageur : les articles viennent du monde entier. Les douces serviettes en nid d'abeille, les premiers pinceaux et le tablier de peinture sont français ; les petits golos (casse-tête en bois de formes abstraites) sont tchèques ; la roulette vient d'Italie ; les ciseaux à papier qui ne coupent rien d'autre que du papier — pas même un cheveu — viennent des Pays-Bas ; le stop-porte qui prévient les accidents arrive de Suède ; les kaléidoscopes et les polémoscopes proviennent de Thaïlande ; les surtouts, anoraks et salopettes pour le mauvais temps, de Finlande ; les marionnettes à cinq doigts, de Hongrie ; le dalmatien qui remue la queue est originaire d'Angleterre ; et le Skwish, du Canada. L'Allemagne offre des jeux magnétiques pour le voyage, la baleine qui fait des bulles dans le bain, les collants de lutin qui laissent assez de place pour les couches, la tour en bois et Dame Souris et son fromage.

Pour ma part, j'aurais bien aimé décorer ma chambre de petite fille avec la famille de lapins, j'aurais porté avec le plus grand bonheur les chaussons coccinelles, abeilles ou fraises et j'aurais sûrement regardé la veilleuse astucieuse avant de m'endormir...

Il y a plus de 150 articles au Dauphin Voyageur... Il faut remercier Anne Chapoutot, mère et voyageuse —elle a un pied en Amérique et un en Europe — de parcourir le monde pour réunir toutes ces merveilles ingénieuses. *The* adresse!

163, rue de Rennes
75006
45.44.39.49 Fax : 45.44.50.63

Les prix : à partir de 19 F...

Rondissimo

Rondissimo, comme son nom l'indique, est destiné aux rondes. Aux rondes qui en ont marre d'une mode dadame, mémère, quétaine et ringarde à laquelle elles paraissaient condamnées depuis des lustres. Maigrissez ou restez chez vous, semblaient nous dire tous les designers! Il y a heureusement des exceptions, et si quelques ensembles sont très stricts chez Rondissimo, on trouve son bonheur quand on se donne la peine de regarder. Les chemisiers sont souples, les vestes bien coupées, les pantalons ne scient pas l'entrejambe et les matières sont de très belle qualité. Ajoutez qu'on nous gâte avec des tissus faciles à entretenir — pour ne pas dire qu'ils se lavent quasiment tous à la machine —, des épaulettes souvent amovibles, des collants qui s'étirent vraiment dans tous les sens et non pas en hauteur comme c'est le cas lorsqu'on les achète dans n'importe quel magasin, et des dessous, de la lingerie qui prouvent qu'on peut être ronde, callipyge, dodue, grosse, voluptueuse, généreuse, bref, un modèle pour Renoir ou Maillol, sans renoncer à la féminité.

J'ai acheté plusieurs tuniques chez Rondissimo, dont une noire et une rouge qui m'accompagnent depuis des années dans tous mes déplacements; elles sont infroissables, solides et intemporelles; de vrais bons achats. Peut-être suis-je si satisfaite parce que je prends le temps d'essayer et de réessayer avant de me décider? Parce que je ne me sens jamais bousculée? J'ai toujours été très bien accueillie chez Rondissimo, et bien conseillée.

5, rue de Sèvres
75006
42.22.77.09

Et 42, rue Vignon, 75008
91 bis, rue d'Alésia, 75014
10, rue de Passy, 75016
19, avenue Sécrétan, 75019

Cartes d'Art

Vous pouvez acheter un peu partout des cartes postales, mais tant qu'à vous donner la peine d'écrire à votre mère, aussi bien faire une razzia rue du Dragon avant de vous attabler à la terrasse d'un café pour remplir vos devoirs filiaux. Il y a des centaines de cartes dans cette boutique, pour tous les goûts, pour tous les budgets et sur tous les thèmes : personnages de bande dessinée, acteurs, films, musique, Paris, peintres, photographes, humour, sport, fleurs, vous aurez l'embarras du choix. Pour ma part, j'ai un faible pour les cartes aux dessins naïfs, illustrant les départements de France… ou la table de multiplication. Il me semble que mon frère Jean aurait retenu cette dernière plus facilement s'il avait eu de si jolies cartes à sa disposition. Les images de l'art du pain ou du chocolat, expliquant toutes les étapes de la production, sont également charmantes. On trouve aussi l'art de la confiture, du café, du vin, du miel… c'est tout de même mieux qu'une carte postale des monuments de Paris, non? Dans cet esprit, les tee-shirts de Paris ou des régions de France sont beaucoup plus beaux que ceux qu'on voit jusqu'à l'écœurement sous les arcades du Palais-Royal. Vous pourrez choisir entre Niki de Saint-Phalle, le kiosque à journaux et un bistrot de Paris, à moins que vous ne préfériez des images de Doisneau (entre 85 F pour les enfants et 185 F).

9, rue du Dragon
75006
45.44.21.35

Annick Goutal

Annick Goutal est aussi douée que belle. Cette femme, qui ressemble à Carole Bouquet, a la même grâce extrême et elle crée des parfums à son image, souples, soyeux... On les porte comme des vêtements qui auraient été tissés par des fées, on pense à Peau d'Âne et à ses robes couleur de soleil ou couleur de lune. Annick Goutal s'inspire totalement de la nature et ses jus doivent être à base de rosée pour donner une telle impression de fraîcheur. Qu'il s'agisse de l'eau d'*Hadrien,* délicieuse composition d'agrumes, de cyprès et de cédrat, ou d'*Heure exquise* à la rose de Turquie, à l'iris de Florence et au santal de Mysore, ou encore de *Folavril,* au boronia, à la mangue et au jasmin, les eaux de toilette sont terriblement suggestives; les images apaisantes de fleurs et d'aube, d'étoiles et d'arbres, de champs et de fruits s'insinuent délicieusement dans notre esprit. On succombe... et on met beaucoup de temps à choisir entre l'eau de *Camille* et celle de *Charlotte,* entre *Rose Absolue* et *Eau du Ciel,* entre *Gardénia Passion* et *Eau du Sud.* J'ai eu un moment de faiblesse pour cette dernière; mes matins me paraissent plus ensoleillés quand je me parfume avec ces gouttes de lumière...

D'ailleurs, comment aurais-je pu résister? Les boutiques sont si attirantes avec leurs couleurs écru et or, sobres et raffinées. Elles disent le plaisir de porter un parfum confidentiel, original, un parfum qui est entièrement réalisé par Mme Goutal : tout est fait maison, de l'idée d'un jus jusqu'à l'emballage de cellophane et ruban doré. Il n'est pas étonnant que les clientes (et les clients) soient fidèles et aiment avoir un parfum pour le jour, un pour le soir et en changent selon les saisons.

Note : Les parfums naturels ne sont pas très tenaces. Je vous conseille de garder un petit vaporisateur dans votre sac pour ranimer l'eau que vous aurez élue.

12, place Saint-Sulpice
75006
46.33.03.15

Extrêmement Fauve

Il n'y a ni lion, ni panthère, ni léopard dans cette boutique, mais les bijoux si originaux prouvent bien que la fantaisie ne doit pas être domptée. Les colliers, les bracelets, les boucles d'oreilles sont faits de pâte de verre des années vingt, de nacre ou de perles anciennes, et les peignes, les serre-tête, les bandeaux, les barrettes sont réalisés avec des dentelles, des velours et des soies qui datent de l'avant-guerre. Les couleurs passées — magenta, feu, iris, nacarat ou Prusse — et la patine des tissus donnent une touche préraphaélique à ces créations que vous pouvez commander... Chez Extrêmement Fauve, on accepte les demandes spéciales. Vous désirez une parure unique pour un mariage ou un anniversaire ? Il suffit de vous présenter rue Princesse où l'on exaucera vos vœux en une semaine. Et si vous n'aimiez pas ce qu'on a créé pour vous ? Aucun problème, on vendra le serre-tête dans la boutique. Cela dit, ce n'est jamais arrivé qu'une cliente soit déçue...

5, rue Princesse
75006
43.26.88.69

Bijoux : de 100 F à 3 000 F
Parures pour les cheveux : de 220 F à 850 F

7ᵉ ARRONDISSEMENT

Musée Maillol
Fondation Dina-Vierny

C'est Dina Vierny qui a offert les sculptures de Maillol qui émerveillent les visiteurs du jardin des Tuileries ; elle a connu l'artiste lorsqu'elle était toute jeune, et femme, elle l'a inspiré. Elle a aussi été le modèle de Matisse et de Bonnard et l'on découvre plusieurs dessins de ces peintres au musée Maillol. En fait, il y a plusieurs sculptures et dessins de ce dernier, mais on peut voir aussi des dessins de Gauguin, Redon, Dufy, Matisse, Renoir et Marcel Duchamp (qui a une petite salle pour lui tout seul). On compte également deux sculptures de Rodin, dont *L'âge d'airain* qui avait fait scandale en 1874.

Ce musée, qui est ouvert depuis 1995, est un bel exemple du mariage de l'ancien et du nouveau. On a réussi, dans cet hôtel particulier, à accentuer les dimensions par l'uniformité et la texture des couleurs et des murs sans qu'il en résulte une impression de froideur. La première salle qui nous accueille est très heureuse ; les quatre sculptures ont l'espace nécessaire pour conserver toute leur force, leur ampleur. La salle des expositions temporaires permet d'examiner les toiles en toute quiétude, avec la distance idoine. J'ai vu les toiles d'un peintre qui m'était inconnu, Rimbert. J'ai beaucoup aimé sa naïveté d'abord, puis le mystère qui se dégage de tous ses tableaux de villages ou de rues sans habitant. Étrange et apaisant. L'art naïf est d'ailleurs bienvenu dans ce musée ; un tout petit Douanier Rousseau voisine avec les Vivin et les Séraphine. Les Russes ont leur place — ce qui nous rappelle que Mᵐᵉ Vierny est née de parents immigrés — avec Yankilesvski et Oscar Rabin (une superbe toile intitulée *Le passeport*, aussi terrifiante, aussi douloureuse que celles d'Éric Bouldou). On a même créé une salle communautaire avec tous les ustensiles du quotidien des familles russes, qui, nous dit-on, vivent parfois à plusieurs dans les dimensions de la salle qu'on visite. J'avoue que je n'ai pas compris toute la profondeur de cette démarche et que j'étais heureuse de retrouver Maillol en quittant cette salle.

Le musée n'est pas très grand; malgré cela, j'aurais apprécié qu'on nous donne plus d'information sur les différentes salles et les œuvres exposées. Mais comme il est tout jeune, on peut espérer qu'il conservera sa beauté tout en prenant de l'expérience.

59, rue de Grenelle
75007
42.22.59.58

Ouvert de 11 h à 18 h, fermé le mardi

Hôtel Lindberg

Plusieurs personnes m'ont suggéré d'inscrire cette adresse dans ce guide et je suis allée faire ma petite enquête. On n'a rien à cacher dans cette maison où l'on m'a proposé spontanément, dès que j'ai exposé le but de ma visite, de me montrer plusieurs chambres. Les chambres sont très sobres, sans effort de décoration mais elles sont confortables et propres, toutes équipées d'une salle de bains, d'un téléviseur et d'un téléphone direct, et elles sont plus grandes qu'un mouchoir de poche; il y a de la place pour vous *et* vos valises, contrairement à plusieurs établissements… Les enfants de moins de dix ans sont hébergés gratuitement dans la chambre de leurs parents.

L'hôtel Lindberg est très bien situé, tout près de Saint-Germain, du quartier des éditeurs (il est d'ailleurs très couru durant le Salon du livre de Paris), mais la rue Chomel, bien que donnant sur le boulevard

Raspail, est calme. Enfin, Danielle Mondoleau, la patronne, est québécoise... pourquoi ne pas encourager une compatriote ?

5, rue Chomel
75007
45.48.35.53 Fax : 45.49.31.48

Prix : Chambre avec grand lit et douche (1 ou 2 pers.) : 510 F
    Chambre avec lits jumeaux ou grand lit et bain avec douche : 530 F
    Chambre plus spacieuse avec grand lit et bain 1-2 pers. : 600 F
                                                3 pers. : 700 F
                                                4 pers. : 750 F
    Petit-déjeuner continental dans la chambre : 40 F
    Petit-déjeuner buffet dans la salle : 40 F
Ces prix peuvent être modifiés à la baisse (environ 50 F) à partir de six nuits à l'hôtel.

Hôtel Saint-Thomas d'Aquin

Je n'y ai pas séjourné, mais on m'a reçue très gentiment quand j'y suis passée pour prendre des renseignements. La rue est très paisible malgré la proximité du boulevard Saint-Germain (quelques minutes à pied). Près d'Orsay et du Louvre, l'hôtel pratique des prix très raisonnables comparés à ceux de nombre de ses voisins.

5, rue du Pré-aux-Clercs
75007
42.61.01.22

Téléphone, coffre-fort, télé couleurs, fenêtre double vitrage
Chambre occupation simple : 440 F-520 F Occupation double : 445 F-525 F
2 lits : 525 F
Petit déjeuner : 40 F

La Cigale

Le chouchou de ce guide. Mon coup de cœur, mon préféré... J'ai dîné à la Cigale pour la première fois avec Jacques Laurent qui y a ses habitudes, et j'y retourne depuis avec Marie pour le plaisir de la regarder savourer un soufflé au fromage. C'est sûrement affolant pour les hommes qui se trouvent dans le restaurant au même moment; il ne manque que des vibrisses à Marie pour être tout à fait une chatte, elle sait déjà ronronner entre deux bouchées.

Pour ma part, je réussis à patienter jusqu'au dessert pour commander un soufflé, car j'aime beaucoup la salade de haricots verts aux crevettes, toujours très fraîche, le flan de pommes onctueux aux gésiers confits, les douces ravioles aux petits légumes, l'assiette de crudités si généreuse. Je confesse un faible pour le confit de canard et ses pommes sautées avec sauce à l'ail, mais tout est très bon à la Cigale. Toujours. J'y ai mangé des rougets comme de la dorade rôtie, un pavé de bœuf au poivre et de l'andouillette avec la même satisfaction. Et contrairement à plusieurs restaurants français, les assiettes sont garnies ici avec diversité et subtilité.

On est heureux comme en Provence à la Cigale, mais on entend davantage les conversations littéraires des convives que les chants des hémiptères; Jean-Marc Roberts y déjeune régulièrement et la maison Denoël a adopté l'établissement. Les livres s'empilent sur une étagère, près du portrait de Cecil Saint-Laurent, et j'imagine qu'on peut les emprunter si on vient dîner seul. Cela dit, on ne peut pas avoir l'impression d'être abandonné à la Cigale car l'accueil de la famille Idoux est fort chaleureux; monsieur, madame et mademoiselle doivent souvent se réjouir des mines stupéfaites des clients qui choisissent pour la première fois un soufflé au chocolat (avec une sauce onctueuse au chocolat, oh oui!) ou au Grand Marnier. On observe une minute de silence avant d'entamer l'énorme nuage sucré. On ferme les yeux, on *devient* ce cumulus vanillé et on comprend pourquoi la belle Marie fréquente la Cigale avec tant de constance...

Comme nous ne sommes pas les seules à apprécier le talent et le sérieux de Robert Idoux, il est impératif de réserver (surtout le midi); c'est toujours bondé!

11 bis, rue Chomel

75007
45.48.87.87

Prix : Entrées : de 38 F à 42 F (sauf le foie gras à 95 F)
Plats : de 83 F à 92 F
Desserts : de 35 F à 45 F
Soufflés : de 49 F à 62 F
Vins : 50 cl de gamay à 50 F
Il y a un menu très intéressant à 155 F.

Le Perron

Un cadre sobre, des murs de pierre, des boiseries, des gravures qui rappellent les fresques antiques, de belles bouteilles d'huile ou d'alcool, une mezzanine, voici un restaurant comme je les aime : confortable, agréable sans être branché. Rien de clinquant ou de tapageur, pas de musique matraquante, pas de cellulaire à l'oreille, une rue calme, une atmosphère qui dispose au plaisir... La table est à l'image du décor, sans sophistication; il n'y a que des produits beaux, sains, frais. L'incontournable salade tomate-mozzarella est sûrement réussie, mais le sauté de palourdes, le gâteau d'aubergines, la ricotta de brebis, la saucisse grillée démontrent plus d'originalité. J'ai goûté en entrée la *brasaola* farcie sur un lit de roquette; de belles lamelles de viande de bœuf séché habillent un fromage à la crème aromatisé au basilic. Un filet d'huile sur les feuilles de laitue et le tour est joué. Les pâtes ont évidemment leur place : raviolis farcis au bar, spaghettis aux palourdes, canellonis aux épinards gratinés, tagliatelles au homard et gnocchis pomodoro. Ces quenelles de pomme de terre fondantes fumaient dans une sauce aux tomates et au basilic bien équilibrée. On peut également déguster de la sole en papillote, de la lotte grillée sauce vierge (tomates, huile, ail, basilic), des calmars dans leur encre et des viandes, dont une escalope de veau parfumée au jambon de Parme gratinée ou un foie de veau au vinaigre de framboise.

Les desserts ? Des péchés... Des *gelati* bien sûr (n'oublions pas que le premier marchand de glaces de Paris, Procopio, était italien), la *cassata* et le sabayon, mais j'ai succombé à la *crostella*... typiquement sicilienne, sorte de cornet en pâte brisée fourrée d'une crème aux fruits confits et au marsala. Par professionnalisme, je me suis sacrifiée et j'ai goûté aussi au fondant au chocolat : c'est tout simplement un des meilleurs de Paris. Riche, onctueux, sensuel, baignant dans une douce crème anglaise, il incitait au recueillement. Pour ceux qui s'en priveraient, sachez qu'on sert les cafés avec un macaron aux amandes et une truffe qui à elle seule pourrait combler tous mes besoins en lulibérine. Il paraît qu'on sécrète cette hormone au nom plus savant de phénoéthylamine quand on est amoureux et qu'on consomme du chocolat pendant une peine de cœur, mais j'ai l'impression que l'inverse peut se produire avec les truffes du Perron : on doit être alangui, béat après les avoir goûtées, tout disposé à tomber amoureux.

Avec le cuisinier peut-être ?

6, rue Perronet
75007
45.44.71.51

Entrées : de 55 F à 65 F Plats : de 90 F à 100 F
Ouvert de 12 h à 15 h et de 19 h à 24 h
Fermé le dimanche soir

Thoumieux

Thoumieux est un de ces restos qui survivent à toutes les modes ; les Parisiens y viennent depuis un demi-siècle pour manger ce que leurs pères et leurs grands-pères avaient goûté avant eux. La grande salle, les grandes nappes blanches, les serveurs avec de grands tabliers qu'on peut voir évoluer dans les grands miroirs exhalent le parfum cossu de la bourgeoisie et les touristes, même nombreux, ne parviennent pas à influencer ce bel ordre. Vous ne vivrez pas une aventure gastronomique, mais dans ce quartier un peu beaucoup friqué, c'est une cuisine assez honnête.

Le classicisme règne : œuf dur mayonnaise (8 F), crudités (45 F), rillettes de canard, salade frisée aux magretons. J'ai essayé les escargots à l'ail (par 6 : 45 F) : ils sont bons, mais à déconseiller avant le cassoulet (92 F) ; le canard, la saucisse et le lard disparaissent sous les fèves. C'était très copieux, mais cela manquait de goût ; j'ai salé et poivré à plusieurs reprises. Le boudin aux châtaignes (85 F) est roboratif mais laisse tout de même de la place pour le dessert, tout comme les tripes, la selle d'agneau (83 F), le confit de canard, le tartare (75 F) ou les rognons aux cèpes. La crème brûlée (50 F) était délicieuse, le caramel cristallisé se cassait sous l'assaut de ma cuillère, mais il y a aussi un fondant au chocolat amer, de la charlotte, du gâteau aux noix (35 F) ou des profiteroles (52 F).

Il y a des plats du jour et un menu corrézien à 150 F et un plus modeste à 72 F : terrine campagnarde ou carottes râpées, boudin aux châtaignes, petit salé aux lentilles ou civet de joues de porc et crème Mont-Blanc au dessert. Les vins ? Un gaillac à 100 F, un buzet à 90 F et un bourgogne aligoté à 80 F. Évidemment, il y en a de plus coûteux.

Un plus : le restaurant est ouvert toute l'année.

79, rue Saint-Dominique
75007
47.05.49.75

Ouvert de 12 h à 15 h 30 et de 18 h 30 à 23 h 45

Caffe Bini

Je n'avais pas vu Yeşim depuis deux mois quand nous sommes allées au Caffe Bini ; nous avions des millions de choses à nous dire, mais cela ne nous a pas empêchées d'apprécier ce restaurant au cadre si agréable. On a presque l'impression d'être en pique-nique parmi ces murs clairs, ces plantes vertes dont on rappelle le motif des feuilles sur les lampes, ces assiettes de carton à carreaux, présentées sur une base en paille, ces boiseries pâles, ces rideaux vert d'eau. Le décor annonce la simplicité et la fraîcheur de la cuisine ; tout était bon. J'ai hésité entre la *foccacia peperoni* (fromage et poivrons confits) et le *crostini Prega* (jambon de Prague et courgettes confites, 29 F), mais j'ai fini par choisir une *foccacia carciofi* (49 F), qui était excellente. Ici, la pâte n'imite pas la pizza, elle s'apparente un peu à un biscuit très croquant. Elle servait parfaitement de support à une purée d'artichauts marinés vraiment affolante. La gourmandise étant mon signe du zodiaque, j'ai ajouté quelques gouttes d'huile d'olive car je devinais qu'elle était de très bonne qualité… J'en ai rajouté aussi à mon carpaccio aux poivrons grillés (69 F) et Yeşim m'a imitée avec son assiette *braesaola* (69 F) ; cette viande impeccable couvrant une salade de roquette n'était pas très copieuse. Ce qui nous a permis de goûter aussi à un *crostini pomodoro* (35 F), qui porte bien son nom : ça croustille malgré le moelleux des tomates et de la mozzarella. J'essaierai sûrement les *antipasti* et les *panini,* mortadelle (25 F) ou *rustico* (rôti de porc, purée d'olive, tomates, 39 F). Il y a aussi un menu du jour. Ce samedi, notre voisin a choisi des tagliatelles aux poireaux et des courgettes farcies ; je suppose qu'il a dû prendre aussi la tarte à la ricotta après notre départ.

Bon, le carpaccio, même si le bœuf était tranché comme il se doit, près de la transparence, et même s'il se décline en cinq versions, était peut-être un peu cher, mais il était servi avec tant de grâce. Je dois confesser que je succombe au charme italien et que les serveurs en ont tous beaucoup… Yeşim a ainsi montré quelques signes de distraction durant le repas et je ne peux lui en tenir rigueur; elle était face à la salle et voyait mieux que moi les garçons. Dans un autre ordre d'idées, précisons qu'on trouve le Limoncello au Caffe Bini, cet alcool de citron si subtil, si parfumé qui vient d'Amalfi. Pour les plus sages, les cafés (12 F) rappellent que c'est dans la « botte » qu'on a inventé l'espresso.

34, rue des Saints-Pères
75007
42.84.26.36

Il y a une salle non-fumeurs et un service de traiteur.

Menu à 59 F : salade et panino ou crostino du jour
Menu à 95 F : gratin ou carpaccio + salade du jour + dessert du jour
Menu à 135 F : entrée + plat + dessert du jour
Desserts (que je n'ai pas essayés) : tiramisu: 45 F, glace ou sorbet : 30 F et la torta alla cioccolata: 45 F

Au Livre d'or

Honte à moi! Il paraît que tous les Parisiens connaissent cette librairie. Je l'ai découverte grâce à la curiosité de René, en sortant du restaurant voisin. Je n'avais besoin que d'un calepin pour prendre des notes, mais va-t-on vraiment dans une librairie avec tant d'innocence? Je sais très bien que les livres m'intrigueront, que je les prendrai, les flatterai, les ouvrirai, lirai la quatrième de couverture et repartirai avec trois ou quatre titres et le délicieux sentiment d'avoir cédé, comme une héroïne qui s'abandonne à un séducteur tenace... Il n'y a rien de mal à acheter un livre, protesterez-vous. Oh, non! à moins d'être une anxieuse qui ne peut pas sortir sans traîner un ou deux romans au cas où le métro tomberait en panne. Je m'imagine prisonnière sous terre durant des heures et j'espère que des personnes auront aussi des livres qu'on pourra s'échanger quand j'aurai terminé mes provisions... Un peu névrosée, non?

On encourage mon vice rue Saint-Dominique. Comment résister à l'intelligence des commentaires des libraires collés sur les livres? Chaque employé lit chaque soir un ouvrage et rend un résumé à la patronne le lendemain; ils en discutent en équipe, puis on rédige des notes à l'intention des clients. Est-ce que Higgins Clark a retrouvé sa forme? Le dernier Eco est-il lisible? Wiazemsky est toujours aussi bonne, Patricia Cornwell excellente. C'est drôle, c'est utile, c'est écrit avec style et passion et, à mon humble avis, d'une grande justesse; bref, cela permet de belles découvertes. Cette librairie pleine d'humour offre aussi un service particulier: un livre commandé avant 9 h est livré le jour même vers 14 h, qu'il s'agisse d'un polar, d'un manuel scolaire, d'un guide de voyage ou d'un roman. N'hésitez pas à vous informer si vous cherchez un ouvrage depuis longtemps; je suis persuadée que cette équipe à part possède des ressources insoupçonnées!

81, rue Saint-Dominique
75007
45.51.83.98

Madelaine Gély

Mme Gély était absente quand je suis passée à sa boutique, mais je lui ai parlé au téléphone grâce à la gentillesse de son employée. Quand je lui ai expliqué que j'écrivais un guide, elle m'a demandé de revenir à ladite boutique pour qu'elle me montre elle-même ses merveilles. Je lui ai plutôt proposé de la rappeler, mais non, il fallait que je passe. Comment pouvais-je parler des parapluies sans plus d'explications? Je me sentirais pourtant coupable de ne pas vous donner cette adresse qui ravirait toutes les Mary Poppins du monde: au 218, boulevard Saint-Germain, c'est le paradis du parapluie, de la canne et de l'ombrelle. Il doit bien y avoir près de 500 modèles, et on se fraie difficilement un passage dans cette minuscule boutique ouverte depuis plus d'un siècle et demi. Les cannes à têtes d'animaux en beau bois sculpté ou à pommeaux d'argent iraient bien aux personnages de Visconti, mais les petits parapluies imprimés doivent réjouir les enfants. Les matières sont très belles, tant dans l'utilitaire que dans la collection, et certaines cannes ont leur secret... Une boutique obsolète, très arsenic et vieilles dentelles, où vous trouverez sûrement le parapluie de vos rêves.

218, boulevard Saint-Germain
75007
42.22.63.35

Ouvert de 9 h 30 à 19 h. Fermé le lundi

Hervé Gambs

Le peintre Arcimboldo aurait sûrement aimé s'asseoir sur les chaises végétales que crée Hervé Gambs ; du blé ou des feuilles tapissent la base du meuble et le résultat est vraiment stupéfiant. Même si bien des touristes n'hésitent pas à se faire expédier cette curiosité pourtant encombrante, vous pencherez peut-être plus pour les très jolis cadres de fleurs : sous verre, Hervé Gambs a couché des pétales de roses ou des pensées, des brins de lavande ou de *leptolongifolia,* de la fougère ou des feuilles d'eucalyptus. Ces compositions donnent une impression étonnante de fraîcheur, de gaîté et d'intemporalité ; elles traduisent l'inspiration moderne de l'artiste épousant l'éternité de la nature. On trouve également des bouquets d'une grande finesse, beaucoup de roses rouges ou jaunes, dont un très beau cœur que j'aimerais bien recevoir à la Saint-Valentin, et des gerbes de graminées ensoleillées. Les bougies parfumées sont à la rose, au jasmin, aux herbes coupées, au cèdre, aux fleurs blanches et à la vanille orientale, mais les cadres sous vide ou les cadres de roses groupées détournent toute l'attention vers eux... Très chic sans être prétentieux.

24, boulevard Raspail
75007
42.22.86.21

Prix : Cadres : de 295 à 895 F Gerbe (lavande, foin, 1 rose) : 85 F Bouquet en cœur de roses : 320 F Bougie : 95 F

Peinture

Une toute petite boutique où l'on s'étonne de ne pas trouver des dames en train de prendre le thé et de croquer des scones ou des sandwiches au concombre. Tenue par des Françaises, Peinture est pourtant très anglaise ; on y trouve les fameux tissus Liberty, ces imprimés floraux si frais que les abeilles butineront peut-être la robe que vous confectionnerez. Il y en a pour tous les goûts, de toutes les couleurs. Comme les châles ; ma marraine Léonie m'a crocheté tout ce que j'ai désiré durant des années, mais elle s'en est allée et j'ai dû chercher très longtemps ces douceurs arachnéennes qu'on jette sur les épaules, ces tricots plus légers qu'une plume mais pourtant assez chauds. Chez Peinture, on vous les vend en deux tailles (170 F ou 220 F), en laine l'hiver, en coton l'été. Ces châles carrés hypersimples viennent de la campagne anglaise comme les liseuses et les chaussons qui les accompagnent (500 F ou 600 F) et engendrent d'irrépressibles bouffées de paresse. En quittant la boutique, je suis rentrée chez moi, je me suis pelotonnée dans un bon fauteuil et j'ai lu quelques pages d'un polar terrifiant en attendant que le Earl Grey soit infusé.

Les hommes ne sont pas en reste. On trouve aussi des caleçons Liberty chez Peinture, en coton (250 F) en laine et coton (280 F) et en soie (490 F). *So nice, milord !*

Également des sacs Liberty, où l'on peut ranger des chaussures... ou un tricot ?

18, rue du Pré-aux-Clercs
75007
45.48.12.82

Éric Bompard

C'est une boutique qui plairait à ma mère, si frileuse, et si classique ; les modèles sont indémodables, qu'il s'agisse des pulls ou des cardigans. Les cachemires ras du cou, col cheminée, polos, à fines torsades, ou à col roulé existent dans des coloris de base : noir, beige, gris, marine, mais Éric Bompard nous offre aussi des teintes subtiles, naturelles : koala, nacre, miel, camel, amande, indigo, grenade, poussin, émeraude, verveine, clémentine, saphir, maïs ou géranium. On a envie de manger ces couleurs ou de s'y blottir. On attend l'automne avec impatience pour se draper dans les grands châles si doux qu'on devine que les ailes des anges sont en cachemire. D'une qualité remarquable !

4, rue de Varenne
75007
42.84.04.36

Prix : Double fil pour femme : 1 000 F ; pour homme : 1 300 F
   Châle (1,50 m x 1,50 m) : 1 500 F
   Gants : 155 F
   Écharpe (35 cm x 178 cm) : 390 F
   Pull-over ajusté 1 torsade, 2 fils : 790 F

Fermé le lundi (et entre 13 h et 14 h)

Au Chat Dormant

Autrefois rue du Cherche-Midi, le chat ronronne aujourd'hui dans une boutique plus grande non loin du musée Rodin. On m'a souvent offert des objets qui venaient de la rue de Bourgogne car mon amour pour Valentin, poème de ma vie, est connu de tous. Mes amis m'écoutent très patiemment raconter les frasques de mon abyssin et font preuve d'une grande tolérance quand mon attachement à Valentin me fait perdre tout bon sens. Oui, j'adore les chats, je les admire, je leur envie leur sensualité, leur dignité, leur curiosité. Ils m'émeuvent, ils me font sourire quand ils jouent la comédie, ils m'intriguent. J'aime le mystère qui s'étire voluptueusement au fond des prunelles amande de Valentin, j'y discerne une paix attentive et la sagesse de l'instinct. Je m'y repose, je m'y abandonne, je plonge dans ce regard complice et bienveillant.

Je ne collectionne pas les objets qui me rappellent les chats car Valentin me comble entièrement, mais je suis toujours heureuse quand on m'offre une image de chat, j'ai l'impression qu'on accepte mon aveugle passion, qu'on me pardonne de bêtifier devant la grâce féline. Au Chat Dormant, on trouve tout ce qui peut plaire à des gâteuses dans mon genre : beaucoup de sculptures (à tous les prix) en bronze de Vienne, en bois, en porcelaine, modernes, anciennes, très classiques ou fantaisistes, des broches (150 F et +) en résine mates ou brillantes et même peintes en miniature sur de la soie, des coussins (320 F et +), des bas de porte, des courtepointes, des plateaux, des œufs peints à la main (250 F et +), des masques en soie (400 F), des boîtes à musique (430 F) et quelques automates, œuvres de M. Camus, qui sont remarquables. Enfin, il y a quatre expositions par année ; j'ai vu de très belles aquarelles d'un artiste chinois.

L'accueil est à l'image du héros des lieux : on s'approche de vous, on vous sourit, mais on ne vous suit pas comme un chien de poche...

32, rue de Bourgogne
75007
45.50.38.06

Fermé le lundi

8ᵉ ARRONDISSEMENT

Trompe-l'œil

À l'angle de l'avenue Delcassé et de la rue Penthièvre, on peut voir le trompe-l'œil qu'a réalisé Rieti en 1985. Il a imaginé une façade d'immeuble qui offre une belle harmonie avec les vrais immeubles qu'elle jouxte ; de fausses fenêtres alternent avec les vraies percées dans un mur plat qui devait être affreusement triste avant que Rieti se charge de le faire vivre. Il y a un homme assis à son balcon qui contemple avec amour la statue d'une femme à quelques mètres de ses fenêtres. Un Pygmalion qui s'ignore ?

Le Saint-Amour

C'est au Saint-Amour que Vincent m'a expliqué qu'il y a deux saints Vincent : celui « de Paul » qu'on connaît au Québec et l'autre, le patron des vignerons, qui devait être un homme éminemment sympathique... On lui fait honneur dans ce bistrot avec des crus du Beaujolais : fleurie, julienas, morgon, saint-amour évidemment, brouilly, qui accompagnent une cuisine plutôt bourguignonne : on mange le lundi le bœuf bourguignon (58 F), le mardi, l'andouillette au pouilly (68 F), la potée le mercredi (68 F), le coq au vin (68 F) le lendemain et on clôt la semaine avec les quenelles (60 F). On peut goûter les escargots (66 F les 12) et les œufs en meurette (40 F) et l'entrecôte (70 F) tous les jours ainsi que les incontournables crudités (24 F), jambon de pays (40 F), rillettes (17 F), côtes d'agneau (62 F), steak garni (55 F) et une assiette de fromages fort généreuse. J'avais le choix entre une quinzaine de pâtes quand j'ai déjeuné au Saint-Amour ce midi-là : livarot, reblochon, munster, valençay, saint-nectaire, maroilles, brie de Meaux, etc. J'ai choisi du pensay (délicieux, crémeux et moins salé que le brillat-savarin), un cantal qui avait beaucoup de goût sans piquer et un pont-l'évêque qui m'a rappelé que j'ai vu les plus belles vaches, les plus grasses en Normandie.

Je me suis contentée de regarder la crème caramel (15 F), la pêche Melba (36 F) et les pâtisseries (22 F).

Dans ce quartier des grands magasins, le Saint-Amour est un oasis de bon temps pas du tout touristique. Les clients sont des habitués, des copains qui aiment cette cuisine du terroir servie dans un cadre immuable.

4, rue de Rome
75008

Vins : entre 90 F (morgon) et 140 F (pouilly-fuissé) Marc de Bourgogne : 40 F
Pour les curieux : demandez à voir la bouteille ; il y a une vipère à l'intérieur...
Vittel : 22 F Bière Heineken 25 cl : 18 F

La Ferme Saint-Hubert

C'est toujours sur le conseil de mon ami Vincent que je suis allée à la Ferme Saint-Hubert où officie Henry Voy, maître fromager-affineur. Même s'il n'y a pas de vaches dans la boutique, j'ai pensé à mon grand-père paternel, agriculteur, qui m'a fait goûter mes premiers fromages et qui me gardait la crème qui scellait les pintes de lait. Il n'aurait pas désavoué les produits de cette ferme qui a pignon sur rue à Paris et qui s'approvisionne dans tous les coins de la France. De Gaulle s'est peut-être demandé comment on pouvait diriger un pays où il y avait plus de 400 fromages, mais M. Voy, lui, sait ordonner un magasin où on en compte autant ! La boutique est petite mais d'une propreté impeccable et les imbéciles qui voulaient nous interdire l'importation de fromages au lait cru devraient y faire un tour pour réviser leur position.

L'accueil est formidable : on vous conseille, on vous fait goûter, on vous explique. Daniel et François sont toujours heureux de partager leur passion et je suis bien restée une heure à la Ferme Saint-Hubert quand j'y suis allée la dernière fois. C'est que le choix est trop ardu : comment prendre une rigotte de Condrieu sans avoir l'impression de trahir la fourme de Montbrison, le bleu de Gex ou la tomme d'Ossau ? Je connaissais le pont-l'évêque, le livarot (un vrai livarot a 5 lèches en herbe et on l'appelle souvent « colonel » à cause de cette décoration ; s'il est cerclé de plastique, il ne vaut même pas la peine qu'on le regarde, m'a-t-on expliqué), le coulommiers, le cantal, le camembert, l'emmenthal et le féta, mais l'humilité m'a gagnée en regardant le vendômois, le pithiviers au foin, la feuille de Dreux, le cendré de Champagne ou le poivre d'âne, le gris Vieux Lille, le brin d'amour ou le caillou du Rhône... Que d'aimables surprises en perspective ! Je suis repartie avec un chevrotin des Aravis, qui vient de Haute-Savoie, un camembert affiné au calva et une part de cantal de Laguiole... que j'ai dégustée en écrivant ces lignes. En attendant de m'imiter, songez aux trucs suivants pour rapporter du fromage au nez des douaniers : 1) mettez la pièce à conviction dans un bocal de verre hermétique dont vous aurez parfumé l'extérieur avec de l'eau de Cologne ; 2) emballez parfaitement le fromage, mettez-le dans un sac contenant des grains de café... ou de poivre. Faites le test au Québec avec un bout de saucisson : si le chien de votre voisin ne le repère pas, vous pouvez espérer que le basset de Mirabel fera de même.

Si vous préférez consommer le fromage sur place, il y a un restaurant attenant à la boutique où l'on sert des croquettes de camembert, des tourtes au roquefort, des fondues suisses et des raclettes savoyardes. Bien sûr, l'assiette de fromages est impressionnante. (Pour les gens qui n'aimeraient pas le fromage mais qui accompagneraient des amis dans ce quartier, il y a trois plats sans fromage.)

21, rue Vignon
75008
47.42.79.20

17-19, rue d'Antin
75002
42.65.42.74

Muriel

On regrette de ne pas être la déesse Çiva et de n'avoir que deux mains quand on pénètre dans cette boutique où le gant est roi depuis plus de soixante ans. On le vénère, on le sert, on le bichonne... en 500 modèles! Les peausseries sont à l'honneur: veau, chevreau, agneau, porc, pécari et même autruche, mais on trouve aussi des gants en dentelle d'Irlande, en cachemire, en laine, en satin pour le soir. Le pécari (un cochon sauvage qu'on trouve au Brésil et en Argentine) séduit les clients en raison de sa solidité, de sa souplesse et de sa chaleur même s'il n'est pas doublé (pour femme: 750 F). Pour ceux qui préfèrent une peau plus lisse, Cathy Maarek et Mme Bonnardot conseillent, avec beaucoup de gentillesse, l'agneau (doublé soie, F: 400 F, H: 450 F) ou encore le chevreau, qui est vraiment très fin (doublé soie, modèle classique, F: 450 F). Certains hommes apprécient l'antilope cousue main (700 F) ou le porc velours. Quel que soit votre choix, vous aurez droit au rituel de l'essayage: le coude appuyé sur un coussin, vous regardez la spécialiste détendre le gant avec l'ouvre-gant ou le fuseau avant de vous le passer. Ici, on comprend vraiment l'expression « aller comme un gant »: les tailles se déclinent du 6 au 8 (F), du 7½ au 10 (H), en *quarts* de taille, les modèles sont doublés ou non, avec de la soie ou du cachemire, dans différentes coupes et en 20 couleurs. Réalisés par des artisans à Saint-Junien, près de Grenoble, ou à Millau dans l'Aveyron, les gants auront traversé une centaine d'étapes avant de recouvrir vos mains. Ils ne les quitteront plus, malgré le fait qu'ils s'ennuieront de cette boutique à l'ancienne où on les dorlotait si bien.

4, rue des Saussaies
75008
42.65.95.34

La Tribune

Mon amie Danielle travaille tout près de La Tribune et elle y déjeune parfois le midi avec ses collègues. C'est un restaurant pour les gens qui bossent dans le quartier ; la maison est sans cachet particulier, mais claire et propre. La carte est simple : rillettes aux deux saumons, carpaccio, poireaux vinaigrette, assiette de saucisson des montagnes, salades niçoise, andalouse, César (qui ne ressemble pas à celle qu'on sert au Québec, mais qui est bonne) et parisienne, crevettes au curry, saumon au beurre blanc, brochette d'agneau, confit de canard, andouillette, tartare. Comme les clients sont des habitués, on a pensé à ménager leur foie et leur ligne : il y a du fromage blanc aux herbes, une belle salade de tomates et une salade fraîcheur (pamplemousse, crevettes, surimi, radis, tomate), du yaourt à la vanille et de la compote au dessert. Le service est efficace, rapide ; les serveurs réussissent à se faufiler entre les tables avec beaucoup d'habileté.

Ce n'est pas l'endroit rêvé pour un repas entre amoureux, mais les pressés qui n'ont pas peur du coude-à-coude seront vite satisfaits.

6, avenue Percier
75008
45.61.92.61

Entrées : de 33 F à 42 F Plats : de 53 F à 84 F Desserts : de 22 F à 40 F

Maison du miel

Une toute petite boutique où, à l'instar des abeilles, on s'active à vous faire connaître les nombreuses variétés de miel français et étranger. Du Québec, on importe le miel de sarrasin et de trèfle, l'acacia vient de Hongrie, il y a du miel de sapin des Vosges et de thym du Larzac. Le miel de châtaignier, sombre, avec un léger goût d'érable, est bien différent de l'ambre, de la lavande, du chardon de l'eucalyptus ou du romarin. Outre les miels de tilleul, de rhododendron, de citronnier, de ronce et de bruyère, de chêne et de romarin, on trouve les miels à la gelée royale et des pains d'épice, des confiseries au miel et de l'hydromel.

24, rue Vignon
75008
47.42.26.70

Prix : entre 16,50 F et 32 F les 500 g
Pot de 125 g de miel et 3 g de gelée royale : 30 F

9ᵉ ARRONDISSEMENT

Hôtel Chopin

La décoration des chambres est désuète, mais celles-ci sont toutes équipées d'un téléphone et d'une télé et ont ceci d'agréable qu'aucune ne donne sur la rue puisque l'hôtel est situé dans le passage Jouffroy malgré son adresse sur le boulevard Montmartre.

L'hôtel est à deux pas des grands boulevards, des grands magasins, de l'Opéra et de l'Olympia où j'ai vu un spectacle tristounet de Paolo Conte… que j'aime encore malgré ma déception, mais vu le prix du billet, j'avais besoin de me plaindre !

10, boulevard Montmartre
75009
47.70.58.10

Drouot

On rêve tous de dénicher un Degas, un Klimt ou un Rousseau chez un brocanteur ou d'hériter d'un vieux tableau poussiéreux qui serait en fait un Poussin ou un Delacroix. Ça n'arrive qu'aux autres, hélas, et surtout au cinéma. Mais vous avez peut-être reçu une petite toile qui vous paraît d'une bonne facture, ou trouvé des pièces de monnaies anciennes, des bons du Trésor, une sculpture pleine d'harmonie. Vous souhaitez vous en départir, mais vous en ignorez la valeur. Chez Drouot, des spécialistes vous aident à évaluer votre pastel ou votre collection de timbres. Et s'ils ne s'occupent pas du type d'objet que vous possédez, ils peuvent probablement vous diriger vers un confrère numismate ou tyrosémiophile. Ce service est gratuit ; vous n'avez qu'à prendre un numéro et attendre qu'on vous appelle. Si l'expert décrète que votre pièce est intéressante, non seulement vous en apprendrez la valeur, mais vous pourrez peut-être, si cela vous convient, la confier à votre interlocuteur qui se chargera du suivi avec les commissaires-priseurs. Tout cela est fait avec beaucoup de professionnalisme, de patience et une grande courtoisie, quel que soit le souvenir ou la trouvaille que vous apportez rue Drouot.

Et c'est sûrement un des rares endroits où il est plaisant de patienter en observant ses voisins. Un jeune homme est embarrassé d'un énorme bronze, une mémé protège son paquet comme s'il contenait un trésor — peut-être que si après tout —, un couple de provinciaux triturent leurs billets de train en regardant la toile qu'ils tiennent de leur grand-tante, des Japonais viennent vérifier s'ils ont fait une bonne affaire en achetant une lampe rue des Saints-Pères et une Québécoise prend des notes pour écrire un guide sur Paris... L'espoir est palpable et les personnes qui vous reçoivent sont aussi psychologues ; elles savent vous dire avec gentillesse et humour que vendre l'horloge de votre grand-père ne vous permettra pas de faire le tour de monde...

7, rue Drouot
75009
48.01.91.00

Du lundi au samedi : de 10 heures à 17 heures
Fermé en août

11ᵉ ARRONDISSEMENT

Le Bougnat

Le quartier de la Bastille est devenu, ces dernières années, un des coins branchés de Paris. La rue de la Roquette est une des premières victimes de cette vogue. Les restaurants et les boutiques s'y bousculent; l'un ouvre, l'autre ferme, on mange japonais ou tex-mex selon l'engouement du mois ou de la semaine... C'est étourdissant! Il y a bien le Bistro Romain, mais si vous avez envie de goûter une vraie cuisine familiale, empruntez la petite rue Daval, arrêtez-vous chez Le Bougnat, prenez un pastis, écoutez les habitués jacter joyeusement. Le décor ne paie pas de mine, banquettes de cuirette et napperons en plastique, mais le patron détourne l'attention du décor : c'est un très imposant Aveyronnais aux bacchantes impressionnantes qui aurait ravi Robert Doisneau. Il s'est installé rue Daval voilà plus de vingt ans. Il a adopté une excellente formule : chez lui, tout est fait maison. Francine, la cuisinière, confesse d'ailleurs qu'elle aime particulièrement cuire les terrines, les pâtés et la poule au pot, mais elle est aussi douée pour tous les plats costauds : la nouvelle cuisine, elle ne connaît pas! Ici, on peut trouver au menu du jour du chou farci (40 F, très bon), de la pintade et du petit salé pommes à l'huile, de la langue de bœuf sauce ravigote, ou encore une choucroute. En tout temps, il y a un confit de canard (65 F), de l'onglet à l'échalote, des escalopes de dinde sauce à la crème, un pavé au poivre. Une entrée? Partagez l'énorme assiette de charcuterie (45 F) : tranche épaisse de jambon de Bayonne, saucisson, rillettes et pâté. Ou une salade de tomates, des crudités, des harengs? Les omelettes sont belles (entre 25 F et 35 F), le fromage est tentant (20 F) et les desserts plairaient à mon père. Il y a des tartes, du clafoutis, de la crème caramel et de la mousse au chocolat (25 F). Pour les gens qui voudraient se donner bonne conscience avant de boire une petite prune, il y a aussi des fruits frais (14 F).

On arrose le repas d'un saint-pourçain sans se ruiner : 60 F le litre, 38 F le demi, 22 F le quart. Goûtez le rosé, très pâle, qui se boit comme de l'eau…

Ouvert le midi seulement, le restaurant est petit et très populaire. Vous attendrez peut-être un peu au zinc mais vous n'aurez que plus d'appétit, ce qui est indispensable chez Le Bougnat ! Ensuite, la célérité de Véronique vous épatera : on ne traîne pas ici. Tout arrive sur la table en moins de temps qu'il n'en faut pour boire un verre !

 18, rue Daval
47.00.41.35

Fermé les 3 dernières semaines d'août

Le Loup du Faubourg

Pas de méchants loups au Faubourg, mais des habitués, des jeunes et des moins jeunes qui sont séduits par les initiatives de Marie Pierre de Porta et Catherine Atlani, anciennement au Café de la Danse. C'est dire qu'on ne fait pas que picoler dans ce cabaret-café, on y entend une pléiade d'artistes : le lundi est réservé à la poésie — auteurs, comédiens et musiciens participent aux lectures —, le mardi appartient aux écrivains de polars, et on honore la chanson française du mercredi au samedi. Après 23 h, on peut écouter du jazz le jeudi et du tango le vendredi. Durant les beaux jours de l'été, on aime le bal-musette.

Le café n'est pas très grand et donne immédiatement une impression d'intimité ; je suppose qu'on n'a qu'à y aller deux fois pour être considéré comme un habitué. La troisième fois, on connaît les autres clients, dont plusieurs voisins qui ont peut-être joué dans le si joli film de Cédric Klapisch *Chacun cherche son chat*. Un café de quartier comme on en voit au cinéma, oui, mais où les touristes sont bienvenus. Et où ils ne se ruineront pas, ce qui est admirable dans les environs du nouvel opéra ! J'ai un souvenir agréable d'une soirée avec Marie-Chantale, à la veille de son départ pour le Kenya ; elle était excitée à l'idée de voir des léopards, des girafes et des éléphants, mais la faune de la Bastille l'intéressait aussi...

21, rue de la Roquette
75011
40.21.90.95

Prix : Bière pression : Leffe ou Blanche : 25 F
  Bouteille : Heineken, Carlsberg : 25 F
  Cocktails : 40 F-50 F
  Ballon de côtes-du-Rhône ou rosé de Provence : 17 F

Il y a des en-cas : Saucisse frites : 35 F Assiette hareng, pommes de terre, betteraves, maquereau : 60 F

Le Relais d'Eguishem

La tradition, la tradition : une brasserie où dominent les boiseries. Une grande partie du restaurant fait terrasse pour les personnes qui aiment l'animation des rues, mais il y a des coins plus intimes à l'intérieur. Le restaurant est vaste, sur plusieurs niveaux, ce qui lui donne un côté ludique ; j'essaie toujours une place différente quand j'y vais avec Pierre, un ami d'enfance.

L'accueil est chaleureux. On sert le client avec promptitude, mais on est aussi capable de plaisanter avec lui si l'occasion se présente. L'atmosphère est bon enfant dans cette brasserie ; le chef n'a heureusement jamais entendu parler de la nouvelle cuisine. Ne prenez pas d'entrée avant le jarret de porc, la choucroute royale, celle d'Eguishem (97,50 F), ou la strasbourgeoise. Si vous voulez finir un plat, laissez les pommes de terre... entre la saucisse de Morteau, celles de Montbéliard, de Francfort, le petit salé, le bacon, le boudin blanc, le travers et le chou aux baies de genièvre ; il y a de quoi assouvir un ogre. Signalons qu'il y a aussi une choucroute au confit de canard (89,50 F) et une choucroute de la mer (3 poissons, des moules, des crevettes : 105 F). On trouve le classique tartare et l'onglet, mais la maison propose de superbes plateaux de fruits de mer : praires, huîtres, moules, crevettes grises et bouquets, bulots et bigorneaux (220 F). Je fais pourtant des caprices et préfère composer le mien : tourteau (89 F), bigorneaux (52 F), bulots et crevettes. Je prends mon pied à respirer le parfum du grand large des littorines, à décortiquer les crustacés, à les tremper dans le vinaigre de vin ou à les arroser de jus de citron. Ça ne remplace pas la thalassothérapie, mais c'est à la fois requinquant et reposant. Avec un pichet de vin blanc d'Alsace (46 cl : 65 F), bien sûr.

6, place de la République
75011

47.00.44.19

La Plancha

Il faisait très beau le soir où Vincent et Michèle m'ont fait découvrir La Plancha. Ou peut-être que non. Peut-être qu'il pleuvait et que je ne m'en suis pas aperçue tant l'atmosphère est chaude dans ce bar à tapas. Il y a toujours un monde fou rue Keller et l'exiguïté des lieux accentue la promiscuité due à la popularité bien méritée de l'établissement. On dit qu'on peut se sentir seul dans une foule, mais c'est impossible à La Plancha, car le patron Hervé est trop accueillant, trop heureux de vous faire goûter ses tapas. Il y a ces jambons magnifiques suspendus au plafond, ces saucissons colorés, piquants, secs ou moelleux, ces tortillas (omelette aux pommes de terre et à l'oignon) et ces poivrons farcis à la morue, cette ratatouille, ces calmars à la tomate, ces gambas et ces sardines grillées ou ces *boccorones* (anchois au vinaigre). *A la plancha* voulant dire « au gril », ce n'est pas étonnant que plusieurs tapas annoncent la spécialité de la maison, mais on peut aussi goûter à un gâteau basque ou à une autre spécialité, comme le fromage de brebis coupé en lamelles très fines et servi avec de la confiture de cerises.

Il y a cette musique qu'on boit avec la sangria, qui coule dans nos veines et qui nous donne envie de chanter, d'apprendre à jouer de la guitare et d'aller au Pays basque faire la fête tard dans la nuit. Heureusement, La Plancha a adopté les heures ibériques, on veille joyeusement passé minuit, et si les carrosses se changent en citrouilles, on en fera des confitures.

34, rue Keller
75011
48.05.20.30

Ouvert du mardi au dimanche jusqu'à 2 h du matin

12ᵉ ARRONDISSEMENT

L'Oustalou

J'allais voir la fameuse coulée verte de l'avenue Daumesnil, mais je savais que j'apprécierais davantage le point de vue si j'étais rassasiée. Je ne connaissais aucun restaurant dans les environs, mais saint Honoré m'a poussée vers L'Oustalou par un beau mardi de juin.

La gare de Lyon vaut à ce restaurant de spécialités auvergnates une clientèle de voyageurs et d'employés de la SNCF; il y en avait une trentaine qui fêtaient le départ à la retraite d'un des leurs et la salle était donc assez bruyante. En temps normal, l'atmosphère est familiale; les habitués discutent avec les Costil, père et fils. Ils hésitent entre la croustade de ris de veau (82 F), la ballotine de canard aux châtaignes (50 F), le pounti aux pruneaux (58 F). À moins qu'une salade ne les tente : l'écuelle de la fermière — frisée, gésiers confits et crêpe de sarrasin brûlante — est remarquable (58 F). Mais les plats qui suivront, généreux, feront honneur à la tradition, qu'il s'agisse de la lotte aux mousserons (98 F), de la potée auvergnate (88 F), de l'escalope de saumon à l'oseille (78 F), de la cassolette de tripoux aux petits légumes (74 F), du confit de canard aux cèpes (98 F), du cassoulet aux lentilles vertes du Puy (80 F), de la pièce du maquignon au bleu d'Auvergne ou aux morilles (105 F) ou de la fricassée de cuisses de grenouilles à la persillade (85 F). Il y avait une éternité que je n'avais pas mangé de batraciens; une montagne de cuisses bien dorées arrosées de beurre persillé parfumé à l'ail fumait entre des bâtonnets de carottes, des têtes de brocoli et des pâtes aux œufs. C'était vraiment délicieux ; l'ail n'assassinait pas la chair délicate des cuisses de grenouilles. Cela dit, j'aimerais bien goûter au chou farci dont se régalaient mes voisins, et peut-être qu'un jour je jeûnerai avant de m'attabler à L'Oustalou pour pouvoir manger une omelette norvégienne (52 F), un soufflé aux myrtilles (55 F) ou la coupe de la maison : vanille, chocolat, café, crème de marrons, chantilly et marc d'Auvergne (55 F).

J'ai apprécié les belles nappes blanches, les grandes serviettes de table, la porcelaine, les fleurs fraîches sur toutes les tables. Le décor champêtre est amusant avec la fresque de Saint-Flour, ville natale des patrons, qui prend tout le mur du fond. Des licous, des harnais, des rênes sont suspendus aux murs, près des photos d'époque, à côté des casseroles en cuivre et des formidables bouteilles d'eau-de-vie.

54, avenue Ledru-Rollin
75012

43.47.57.98

Prix : Menu à 88 F. Il y a également un menu à 122 F qui change tous les jours. Par exemple : Saucisson chaud ou hure de bœuf en entrée, filet mignon forestier ou panaché de la mer et parfait au café au whisky ou millefeuille. Bon pouilly-fumé à 138 F.

Cécile et Jeanne

Je dois être honnête : j'aimerais avoir les moyens d'entrer chez Cartier ou Boucheron, mais je devrai probablement attendre une autre vie pour m'offrir des rubis et des saphirs, des perles et des améthystes. Heureusement, on trouve du beau toc à Paris. Chez Cécile et Jeanne, on s'inspire — très librement — des dessins de Matisse pour créer les fleurs ou les oiseaux qui orneront les boucles d'oreilles et les colliers, les bracelets ou les broches. Il y a les sautoirs, les tours de cou, les discrets et les audacieux, les abordables (une épingle en forme de marguerite à 100 F) et les plus chers (collier ou bracelet-poignet à 750 F - 1 000 F). On utilise un alliage d'étain doré ou argenté, beaucoup de résine, de pâte de verre dans des couleurs franches, des bourgogne et des outremer, des noirs de corbeau et des blancs laiteux. Il y a une collection très marrante dont le thème est la littérature : on emprisonne de petits bouts de texte sous une résine translucide, mais au moment où vous lirez ce guide, elle aura peut-être disparu, car les créateurs apportent sans cesse de nouvelles pièces. Si vous craquez pour un bijou, achetez-le immédiatement sous peine de ne pas retrouver exactement le même quelques mois plus tard.

43, avenue Daumesnil
75012
43.41.24.24

12, rue des Francs-Bourgeois
75003
44.61.00.99

4, rue de Sèvres
75006
42.22.82.82

13ᵉ ARRONDISSEMENT

Phuong Hoang — Hawaï

J'ai habité le 13ᵉ arrondissement durant quatre ans, plus précisément à « Hong-Kong-sur-Seine », triangle d'or entre l'avenue d'Ivry, l'avenue de Choisy et la rue de Tolbiac. On a tourné beaucoup de films de série B dans ce Chinatown parisien, avec des mafiosi asiatiques à la mine patibulaire et dont on ne peut deviner les pensées, car les clichés ont la vie dure : on dit encore que les Chinois présentent un visage énigmatique, impénétrable aux Blancs... De la fenêtre du deux-pièces minable où je vivais, j'ai plutôt observé des hommes industrieux, travaillant dur, religieux et... joueurs. Après le coup de feu du midi dans les restos du quartier, il m'est arrivé souvent de voir les serveurs s'attabler autour d'une *pho* et d'un paquet de cartes ou d'un jeu de go. Détente bien méritée : il n'est pas rare que les employés travaillent douze et même quinze heures par jour. Un d'entre eux m'a expliqué que son oncle l'avait fait venir de Ho Chi Minh-Ville, payant billet et papiers : le neveu s'engageait à bosser dans son établissement durant trois ans, six jours par semaine, pour un salaire dérisoire. Devant mon étonnement révolté par cette « exploitation », le serveur a précisé que le cher oncle lui prêterait ensuite, sur sa simple parole, de quoi ouvrir un restaurant. Et faire venir des cousins et des cousines qui travailleraient pour lui et qui, à leur tour... C'est le principe de la tontine. Je ne sais pas si ce qu'on m'a raconté est vrai, mais je serais portée à le croire, vu le nombre de restaurants dans ce quartier! Il est donc très difficile de choisir parmi tous les menus vietnamiens, chinois, thaïlandais, cambodgiens ou indonésiens. J'en ai retenu deux: le Phuong Hoang et le Hawaï.

Le Phuong Hoang, situé dans la partie surélevée d'un complexe de tours plutôt laid, «Les Olympiades» (on y accède par le 32, avenue d'Ivry ou le 101, rue de Tolbiac), a l'allure d'une pagode avec ses colonnes bourgogne et sa toiture qui rebique. Il est différent par son architecture, et par sa cuisine. Si on y trouve les éternels rouleaux impériaux et les très frais rouleaux printaniers, les bouchées frites ou à la vapeur, on peut aussi y manger des barbecues inusités. Sur une plaque de tôle bombée, chacun fait cuire des lamelles de viande à sa convenance (bœuf, fruits de mer et même chevreuil). Les brochettes et les plats sautés sont nombreux: le poulet aux épices parfumé à la citronnelle et à la noix de coco est délicieux. Ces goûts sont d'ailleurs présents dans de nombreuses préparations; potages, marmites de poissons et de fruits de mer. Enfin, la crêpe cambodgienne à base de fécule de pomme de terre, de farine de riz et de curcuma, farcie aux crevettes et aux germes de soja, craquante et bien dorée, est une des plus réussies de Paris.

La terrasse, loin des rumeurs de la rue, est agréable, mais si la température est étouffante, la salle est climatisée.

87, rue d'Ivry
45.86.91.90

Plats : entre 30 F et 95 F

Le Hawaï, lui, tient davantage de la cantine : ce n'est pas un endroit pour bavarder — c'est de toute manière très bruyant — et il n'est pas rare que des clients fassent la queue en lorgnant votre table... J'y vais en pensant à ma grande amie Esther pour qui la découverte de la soupe Phô fut un moment inoubliable : cette fameuse soupe est constituée de lamelles de bœuf, de boulettes, de nouilles de riz auxquelles on ajoute à sa guise des germes de soja frais, de la menthe, du basilic chinois, du citron et des piments forts. C'est un délice… et un repas complet. Les jours de grande chaleur, je préfère cependant les brochettes de crevettes aux cheveux d'ange ou le riz au poulet grillé.

 52, rue du Javelot
45.84.75.07

Plats : de 35 F à 55 F. Bouteille de rosé à partir de 57 F

Tang Frères

Du temps où j'habitais le 13e arrondissement, j'étais fauchée, vraiment fauchée, et c'est une chance que j'aie trouvé à me loger dans un quartier populaire. Une chance aussi d'habiter à 30 mètres du supermarché des frères Tang : non seulement les produits y sont très peu chers, mais l'ambiance qui y règne vaut le détour. Je n'avais pas les moyens de me payer un séjour à Hanoi ; cependant, en poussant mon panier dans les allées étroites et encombrées du supermarché, j'avais l'impression d'avoir émigré au Viêtnam. Je n'en comprenais pas la langue et je devais être audacieuse dans mes achats : si je jetais dans mon panier des ananas, des oranges ou des litchis sans sourciller, j'ai tourné et retourné bien des fois dans mes mains des fruits aux couleurs étranges et à la texture insolite. J'ai même eu le courage d'acheter un durion à l'odeur pestilentielle. Pourquoi pas ? J'ai bien accepté de manger des pattes de poulet à la vapeur (on dirait la main d'E.T.). Le durion, lui, ressemble à une sculpture de bois primitive et est aux Asiatiques ce qu'un vieux munster est aux Français. Ça goûte l'avocat et la banane, ça en a la texture, mais l'odeur est vraiment insoutenable. Chez Tang Frères, on trouve toutes les herbes qui rehaussent les cuisines cambodgienne, vietnamienne, chinoise, coréenne, thaïlandaise, les *wok,* les baguettes, les sauces de poisson en tous genres, les pâtes de piment meurtrières, les *dim sun* et les paniers vapeur pour les réchauffer, les galettes de riz nécessaires à la confection des rouleaux impériaux et des tout prêts pour les gens qui n'ont pas le temps d'humidifier la galette, de la farcir de porc, de vermicelle, d'oignons, de champignons, de carottes râpées et de pousses de bambou.

La clientèle est majoritairement asiatique, les employés le sont en totalité ; certains ne parlent pas du tout français et ne peuvent donc pas vous renseigner sur les produits qui s'amoncellent dans cet endroit qui tient plus de l'entrepôt que d'une succursale d'Ikea. Le désordre règne, on empile, on entasse, on pousse, on fait des pyramides avec des sacs de 20 kilos de riz, bref, ma mère ferait une crise cardiaque si elle y allait, mais si vous n'êtes pas pressé et aimez le dépaysement, ce « souk » est amusant.

Il paraît que les Occidentaux qui fréquentent ce supermarché apprécient les prix compétitifs, mais y vont surtout pour acquérir des poudres aphrodisiaques...

48, avenue d'Ivry
75013

Séduction féminine

Des chaussures... pour ceux ou celles qui auront voulu voir tout Paris en deux jours. Dans cette boutique, on trouve les chaussures Méphisto qui sont diablement confortables. On peut les acheter au Québec, mais étant de fabrication française, ces godasses sont moitié moins chères à Paris. Et comme ce sont les « Rolls » du pied, on n'a pas à s'habituer lentement à la chaussure comme c'est le cas pour tous les souliers. Les Méphisto sont en cuir véritable, avec soutien orthopédique, semelle à coussin d'air antidérapante, talon amortisseur, protection des articulations : une révolution ! Et elles ne sont même pas trop laides. Évidemment, on ne va pas au bal avec, mais pourquoi souffrir en allant de l'Étoile à l'île Saint-Louis, du Sacré-Cœur à Montparnasse ? Sans vendre votre âme, vous prendrez un bain de jouvence en vous glissant dans ces pompes... et vous prolongerez indéniablement vos promenades parisiennes.

124, boulevard Vincent-Auriol
75013
45.86.53.09

Le Bisou de la sorcière

Non, rien de rien, non je ne regrette rien. Je n'ai pas un tempérament nostalgique même si, comme tout le monde, j'aimerais conserver l'énergie de mes vingt ans, une peau lisse et une taille fine, mais bon... les années passent, et si on ne gagne pas en sagesse, on accepte pourtant de vieillir, on commence à comprendre qu'on n'est pas éternel. Puis vlan ! On passe par hasard devant une boutique de vêtements pour enfants. Et on donnerait n'importe quoi pour avoir de nouveau six ans ! Je serais prête à manger des gâteaux à la bave de crapaud farcis à la langue de chauve-souris pour pouvoir porter les vêtements d'Hervé et Viviane Le Houedec. Imaginez des robes fluides, dans des coloris joyeux, dans des tissus nobles, des ensembles drôles et pratiques, des chapeaux assortis aux barboteuses, des coupes impeccables et des prix raisonnables... Les imprimés viennent du Brésil ou sont tissés dans le sud de la France ; ils explosent de gaîté, à l'image des créateurs qui semblent s'amuser comme des petits lutins à dessiner, imaginer, rêver pour les enfants. C'est la faute à la sorcière, tout ça ; elle donne des bisous qui rendent heureux, qui sèment de la fantaisie dans nos cœurs et qui nous permettent de croire à la magie toute l'année. Aussi, reconnaissants, fêtons-la dignement, la sorcière, à l'Halloween... Si vous avez des enfants, et même si vous n'en avez pas — vous trouverez sûrement une nièce à gâter —, allez frapper à la porte de la sorcière, flattez le chat qui se prélasse dans la vitrine et jasez avec Hervé, le charme opérera... et les années s'envoleront sur le balai ! J'ai hâte de voir ma filleule Juliette dans sa nouvelle robe !

136, boulevard Vincent-Auriol
75013
44.23.95.79

Forum des Halles
75001

15ᵉ ARRONDISSEMENT

Le Musée des Arts forains

J'adore les manèges et les cirques et je me réjouissais à l'idée qu'un musée soit consacré aux arts forains. Je me suis donc rendue au fin fond du 15ᵉ arrondissement pour regarder 14 très beaux vieux manèges dans une grande salle déserte, sans musique, sans visiteur. Étrange... J'ai appris qu'il y avait les styles français, allemand, belge et anglais, qu'on réalisait les manèges par thème : animaux de la jungle (1890), de la ferme, des bandes dessinées (Mickey et Pluto en 1935), la mer avec sirènes et poissons, et que les nouveaux moyens de locomotion (en 1900) étaient une source d'inspiration pour les artistes. Gustave Bayol fut un des plus importants. On reconnaît ses chevaux à des critères précis : veines de la tête saillantes, queue en bois, poitrail fort et fleurs sculptées sur le harnais. C'est de la belle ouvrage, je ne le nie pas. J'ai admiré sincèrement les voitures anciennes, les tandems de métal cuivré à la Marcel Duchamp, la naïveté des personnages des jeux de massacre, mais... c'était si calme, si silencieux. Je sais bien que c'est un musée, mais un manège immobile est un manège sans vie et je ressentais un certain malaise en visitant ces lieux. Si vous avez toutefois envie d'aller dans ce musée, sachez qu'il n'est ouvert actuellement que le samedi et le dimanche et qu'au moment où j'écris ces lignes, on ignore s'il sera toujours public quand tout sera transporté dans les anciens entrepôts de Bercy. En fait, ce musée s'autofinance grâce à des locations pour des fêtes et des tournages de films... C'est vrai que l'endroit doit être fascinant si on l'anime un peu. Faut croire que j'ai plus l'âme d'une enfant que d'une historienne.

16ᵉ ARRONDISSEMENT

Bistro Romain

Il y a plusieurs légendes concernant l'invention du carpaccio, ce bœuf présenté en lamelles de viande crue pour lequel je ferais des bassesses. Certains prétendent qu'il aurait été créé au Harry's Bar de Venise pour une aristocrate à la diète, mais au Bistro Romain, on croit qu'un grand chef aurait superposé artistiquement des viandes d'une si belle transparence qu'elles évoquaient le rouge inimitable du peintre Vittore Carpaccio. Je pense que la réalité dépasse toujours la fiction et que ce sont les chiffres fabuleux concernant la vente de carpaccio qui le feront passer à l'histoire : au Bistro Romain, on vous sert le carpaccio de bœuf ou de saumon à volonté... Depuis l'ouverture des restaurants, en 1982, on en a servi plus de 20 millions ! Si je me contente de trois ou quatre assiettes (avec pommes allumettes, pâtes au basilic ou haricots verts à volonté), certains clients parient sur leur appétit... et en avalent plus que ma copine Monique qui regarde la viande crue avec tant de concupiscence qu'elle réussit à la faire rougir. Pour les personnes qui sont moins cannibales, il y a du magret, du saumon à l'oseille, une grande salade niçoise, la classique entrecôte grillée ou l'escalope de veau, de la langouste et bien sûr les canellonis, les spaghettis et la lasagne. La carte des desserts doit correspondre aux fantasmes de bien des enfants : colorés, variés, avec une profusion de garnitures à la crème. Et la mousse au chocolat à volonté servie dans une jarre énorme allume des étincelles de convoitise dans les yeux des petits... et des grands.

Le service est stylé ; même débordés, les employés vous accueillent tous avec le sourire et vous servent rapidement. Je fréquente surtout l'établissement de la rue de la Roquette où j'ai été témoin de la gentillesse d'un maître d'hôtel : des Tsiganes, une mère et son enfant, avaient poussé la porte du restaurant car la fillette avait vu la montagne de bonbons acidulés devant le comptoir. La petite a rempli ses poches et est ressortie sans qu'on lui fasse la moindre réflexion. J'ai vraiment apprécié la geste de M. Gratzer qui n'a pas voulu abîmer les rêves d'une gamine sans le sou. Simone Loëhr, la directrice, est toujours enjouée, très hospitalière, très dynamique ; c'est une des rares patronnes qui n'hésitent pas à desservir les tables pour seconder ses employés. Un mot aussi pour Sarah, du Bistro de la rue Gozlin (près de la place du Québec), si gentille, et pour Catherine, qui travaille au Bistro des Halles, très sympa, très patiente quand les derniers clients qui viennent dîner à minuit sont un peu bourrés ; elle dit que « tout le monde a le droit de faire la fête ». Une vraie pro !

Je vous conseille, à moins que la soirée ne soit étouffante, de préférer l'intérieur aux terrasses ; celles-ci sont moins soignées (pas de sel ni de poivre sauf sur demande, pas de cendrier, etc.) et le service s'y relâche parfois...

6, place Victor-Hugo, 75016, 45.00.65.03
30, rue Saint-Denis, 75001, 40.26.82.80
9, boulevard des Italiens, 75002, 42.97.49.55
7, rue Gozlin, 75006, 44.07.13.37
59, boulevard du Montparnasse, 75006, 45.48.38.01
103, boulevard du Montparnasse, 75006, 43.25.25.25
26, avenue des Champs-Élysées, 75008, 53.75.17.84
73, avenue des Champs-Élysées, 75008, 43.59.67.83
122, avenue des Champs-Élysées, 75008, 43.58.93.31
25, rue Marbeuf, 75008, 47.23.93.50
38, boulevard des Italiens, 75009, 48.24.49.61
88, rue de Clichy, 75009, 42.85.40.71
117, rue Saint-Lazare, 75009, 45.22.10.58
5, rue de la Roquette, 75011, 43.38.71.43
100, rue de Bercy, 75012, 53.17.00.77
6, avenue Jean-Moulin, 75014, 40.44.03.63

222, rue de la Convention, 75015, 42.50.30.35
9, avenue des Ternes, 75017, 47.64.17.38
191, avenue Jean-Jaurès, 75019, 42.49.31.59

Menus à 62,50 F, 79,90 F (salade aux noisettes, tomate-mozzarella ou œufs brouillés suivis du carpaccio à volonté, demi-poulet rôti, gigot ou saumon)
Menu à 129, 90 F avec caviar et blinis, carpaccio ou langouste mayonnaise
Menu du mois qui change toutes les trois semaines… Par exemple : nougat de chèvre ou caviar d'aubergine, entrecôte grillée d'Argentine aux pommes rissolées ou sole fraîche grillée au citron vert : 99 F
Vins de 59 F (le pot de côtes-du-Rhône) à 139 F (Château Calon Ségur 1991). Grappa à volonté pour 25, 90 F…

Le Bestiaire

J'aime tant les animaux que mon amie Esther me conseille de songer sérieusement à faire mon avenir avec un vétérinaire. Il est vrai que j'ai une telle passion pour les mammifères, les poissons, les reptiles, les oiseaux et les insectes qu'on pourrait me raconter des histoires de bêtes durant des heures sans que je me lasse. La boutique de la rue Paul-Doumer est à 24 stations de métro de chez moi, mais j'y trouve de grosses tasses à café, des *mugs* en porcelaine anglaise où s'ébattent des renards, des chouettes, des oies, des moutons, des poules, des fauvettes, des mésanges, des vaches, des cochons et des oiseaux qui ressemblent beaucoup aux gros-becs errants (110 F). Une amusante brosse à habits est en forme de hérisson (380 F) tandis que le tire-botte imite l'escargot (220 F) et que les plantes grimpent sur des broches-lapin. Les plateaux s'ornent d'éléphants peints à la main comme les cendriers et les assiettes en porcelaine de Limoges. Depuis quelque temps, des œufs en cristal sculptés (1 200 F) arrivent — irrégulièrement — de Saint-Pétersbourg. Il y a toute une collection de chiens en plâtre provenant des États-Unis, de bronzes et d'étains français représentant plusieurs animaux à tous les prix. Des tee-shirts où dorment des chats et cancanent des colverts se vendent 270 F et on peut acheter pour Milou une gamelle en forme de scottish (245 F). Le Bestiaire étant autrefois une librairie, on trouve évidemment des dizaines d'ouvrages sur les animaux. On peut même rechercher un titre précis pour un client.

Puisqu'on parle d'animaux, je suggère aux heureux complices d'un chat ou d'un chien d'aller à l'animalerie de la Samaritaine ; j'y ai acheté pour Valentin un sac de transport introuvable au Québec. Je ne dirais pas que mon chat ronronne quand je l'emmène chez le vétérinaire, mais le voyage est plus agréable. Le sac est bien aéré, solide et pourtant léger. Comme il semble qu'un Français sur deux possède un animal domestique, dites-vous que le marché est florissant à Paris et pensez à gâter votre compagnon.

58, rue Paul-Doumer
75016
45.03.39.73

Ouvert de 11 h à 18 h 30
Fermé le lundi

18ᵉ ARRONDISSEMENT

Le Gastelier

Autour du marché Saint-Pierre, véritable temple du tissu, il y a tout ce qu'il faut comme attrape-touristes. C'est pourquoi je préfère toujours retrouver ma copine Isabelle au Gastelier. J'y mange parfois des salades, même si elles ne sont pas très copieuses (entre 30 F et 49 F), des tartes à l'oignon (27 F) ou à la milanaise (épinards, tomates et fromage : 34 F), une omelette (26 F), mais je me réserve surtout pour le dessert. Je ne sais pas si c'est la proximité du Sacré-Cœur qui ressemble à une meringue qui inspire au chef les échafaudages sucrés de ses glaces et sorbets, mais j'adore ces kitscheries caloriques... Chantilly, glaces maison, coulis de fruits, sauce au chocolat, fraises fraîches, pêches Melba, pistache, il n'y a rien à mon épreuve, que l'ineffable sensation de pécher...

1 bis, rue Tardieu
75018
46.06.22.06

Espresso : 11 F Thé parfumé : 22 F Thé glacé : 17 F Bière : 20 F
Verre de sancerre : 29 F Bordeaux : 19 F
Petit-déjeuner : jus de fruits frais, thé ou café, toast, croissant, pain grillé, beurre, confiture, œufs au bacon (le patron va au Québec deux fois par année) : 75 F

Restaurant Şec

Dans ce quartier populaire du 18ᵉ, les gens semblent se connaître, on s'interpelle d'une fenêtre à une autre, et on doit discuter tard les nuits d'été sur le pas de la porte. Il y a un tout petit restaurant (20 places), discret, qui semble avoir été créé pour accueillir la famille et les amis. Mais les Turcs font-ils vraiment une différence entre les deux ? Certainement pas Memmet, en tout cas, qui m'a reçue comme s'il m'avait toujours connue.

Le temps de boire un verre de lokäl (vin rosé) ou de buzbag (rouge), dans un cadre très modeste qu'agrémentent quelques reproductions turques, de vous laisser bercer par la musique des conversations qui vous échappent, de saluer les enfants de Memmet, sa femme ou sa belle-sœur qui viennent chercher une galette sortant du four, et on dépose devant vous ce pain brûlant qui ressemble un peu au pita et qui accompagnera parfaitement les hors-d'œuvre : *tarama,* macédoine, caviar d'aubergines, *cacik* (concombre à l'ail et au yaourt) et *salata* : *Ezme* (aux tomates écrasées à l'huile d'olive) ou *Kereviz* (au céleri).

Cela dit, le Restaurant Şec est un des coups de cœur de ce guide parce qu'on y déguste une sublime, une merveilleuse, une irrésistible *pide* ou pizza. La pâte est faite avec du petit lait et du yaourt, elle est craquante tout en restant moelleuse. La pizza *Kiymali*, ma préférée, est garnie de viande hachée, d'ail, d'oignons, de poivrons et de piments… Banal ? Que non ! Un subtil parfum de citron réveille les ingrédients ; vos papilles s'excitent, s'étonnent, en redemandent. Dégustez cette révélation, puis imitez mes amis Yeşim et Odja quand vous commanderez la deuxième pizza : roulez-la pour la manger ; les goûts se mêlent encore davantage… La surprise fait place au plaisir, l'émotion est à son comble. J'ai assurément dégusté des merveilles à Paris, mais cette pizza acidulée, piquante et si simple, m'a rappelé que Romain Gary écrivait fort justement que les neuf dixièmes de la joie, c'est la surprise.

Suivra un assortiment de brochettes (poulet, agneau, boulettes de bœuf) grillées avec des tomates ou des aubergines et servies sur un lit de blé concassé. Les viandes cuites au four dans une sauce au yaourt sont tendres. Les assiettes sont copieuses, mais je parie que vous ne laisserez rien !

Je n'ai jamais faim au dessert, mais ayant l'esprit de sacrifice, j'ai grignoté quelques petites douceurs qu'on m'offrait trop gentiment...

Depuis, je rêve souvent de la *pide,* et j'espère que Memmet a un cousin qui a envie de s'installer au Québec tant je redoute d'en être privée un jour!

13, rue Boinod
75018
42.57.02.74

Fanche et Flo

Les créateurs qui ont ouvert, il y a huit ans, cette petite boutique près de la place Pigalle, s'inspirent peut-être de la chaude nature africaine en ce qui a trait aux coloris, mais les dessins qui agrémentent les vêtements et les tissus pour la maison sont d'une facture résolument contemporaine. Les formes comme les thèmes : la rue, les sièges, les nus, les totems, les maisons s'impriment avec force et netteté sur des vestes, des robes-tabliers, des débardeurs, des foulards, des salopettes, des coupe-vent ou des tee-shirts. On trouve aussi des housses de couette, des porte-lettres, des murales. Tout est fait maison : la teinture des tissus (coton, lin, drap) comme l'impression des motifs, la coupe, l'assemblage. Les coutures sont vraiment solides et je ne pense pas qu'on ait jamais à recoudre les boutons! Les lignes sont simples et ne détournent pas l'attention des motifs si intéressants et des teintes toniques et subtiles : l'indigo et le vermillon voisinent avec le rose flamand et le kaki. Plusieurs pièces sont uniques, ce qui justifie leur prix parfois élevé, et les autres vêtements sont réalisés à quelques dizaines d'exemplaires... numérotés ! On a un peu le sentiment de porter une sérigraphie et on comprend que Fanche et Flo aient gagné en 1994 le prix du Designer textile. C'était vraiment mérité !

19, rue Durantin
75018
42.51.24.18

Prix : Tee-shirt : 180 F Salopette : 950 F Robe-tablier : 620 F

19ᵉ ARRONDISSEMENT

Le Rendez-vous de la Marine

Rendez-vous de la marine ? De tout Paris, oui ! Heureusement que nous avions réservé ; c'est essentiel car la salle n'est pas très grande, contrairement à la réputation de la maison. On téléphone donc le midi et même la veille pour être certain d'avoir une place le soir désiré. Quand on nous a servi l'entrée, j'ai compris pourquoi : les assiettes sont belles et copieuses. Pierre avait pris une salade de haddock (39 F) qui aurait convenu en entrée à trois personnes, mais ni Bruno ni moi ne pouvions l'aider à terminer, étant déjà comblés par nos entrées : salade landaise (39 F) et escargots à l'ail (54 F les 12). Par chance, Jean-Pierre, l'aimable serveur, a compris notre rythme. Nous avons mangé lentement en contemplant la Seine étale à dix mètres de notre table, nous avons bu du sancerre (95 F) et nous avons pu faire honneur, un peu plus tard, à nos plats. Nous avons tous choisi une viande, pavé au poivre vert, entrecôte et tartare à assaisonner soi-même. Il ne manquait rien, c'était joliment présenté... dans deux grandes assiettes : une pour la viande, l'autre pour les légumes d'accompagnement : pommes sautées, haricots verts, laitue et tomate provençale. Bruno revenait du Yémen où il n'avait mangé que du riz durant trois semaines ; il a donc pu jouir des profiteroles. Ils étaient délicieux, les choux avaient le bon goût d'œuf d'une confection maison et ils étaient très généreusement nappés de sauce au chocolat. Pierre a pris un sorbet à la pomme verte qui avait une texture extraordinaire, entre le fruit cuit, la mousse et le granité. Le parfum de la pomme était rehaussé par une bonne rasade de calva. Ça sentait la Normandie et je me serais bien laissée dériver sur le canal de l'Ourcq si je n'avais pas été si heureuse ce soir-là dans cet endroit magique qui inspira Marcel Carné. Il tourna *Jenny* au Rendez-vous de la Marine et je crois que rien n'a changé depuis la dernière prise ; les nappes à carreaux, le filet de pêche, l'ancre justifient le nom du resto sans exagération. Et bien sûr, il y a des plats de poisson au menu : filet de saint-pierre à l'oseille (59 F), filet de lotte au poivre vert (62 F), escalope de saumon (59 F), morue à la portugaise (68 F), calmars farcis (68 F) et gambas (68 F).

L'air était gentiment frais, il y avait des rires et le très beau sourire de Pierre.

14, quai de la Loire
75019
42.49.33.40

Entrées : de 28 F à 39 F (tarte aux poireaux, avocat aux crevettes, délices au poivron, terrine de foie de volaille) Plats : de 58 F à 69 F (dont magret de canard au poivre vert, bavette à l'échalote, escalope de veau) Desserts : de 32 F à 36 F Normandie ou Irish coffee : 36 F Bouteille de gaillac : 72 F Saint-nicolas de Bourgueil : 95 F Muscadet : 76 F Côte-rôtie Champin le Seigneur : 210 F Saumur-champigny : 89 F ½ Badoit : 16 F

Hoa Ly

Depuis une vingtaine d'années, les restaurants asiatiques remplacent les commerces arabes dans ce quartier coloré de Paris. Si vous pouvez toujours manger un couscous (très moyen) chez Bichi-la-Goulette, boulevard de Belleville, la rue de Belleville, elle, regorge de canards laqués, de *dim sun,* de poulets au curry, de rouleaux de printemps ou de poissons au lait de coco. Comment choisir entre ces 50 menus qui annoncent à peu près tous la même cuisine ? Une solution : le bouche à oreille. C'est ma belle copine Marie, qui est eurasienne, qui a découvert le Hoa Ly. Je l'ai adopté dès ma première visite. Le seul problème quand on s'attable dans ce minuscule restaurant (28 places), c'est de se décider entre les *ha kao,* raviolis vapeur aux crevettes, l'énorme crêpe farcie aux germes de soja et les piquantes salades cambodgiennes au bœuf très saignant ou aux crevettes et au piment. Celui-ci est utilisé avec doigté : les herbes, la citronnelle, le basilic chinois et la menthe conservent tous leur personnalité. Les potages aux crevettes, au bœuf ou aux gambas me feraient faire des bassesses ; ils sont légèrement acidulés, doucement épicés, avec des herbes, de l'ananas et de la tomate. On en prendrait au dessert !

Il faut absolument goûter aux brochettes grillées ; le bœuf est délicieux, mais le bœuf *enroulant* des crevettes, oh là là ! On couche le duo terre-mer sur une feuille de salade, on ajoute de la menthe, une lamelle de concombre, un peu de vermicelle, on emballe le tout et on le trempe dans une sauce salée-sucrée : comme j'aime ces mets qui nous autorisent à jouer avec la nourriture ! Moins ludiques mais tout aussi bons : le bœuf aux herbes et aux oignons, le poulet sauté aux noix de cajou et à la citronnelle, les crevettes dans une sauce aigre-douce et le typique *bo bun cha gio,* pâtes de riz, viande sautée (de bœuf ou de porc), carottes, concombres, germes de soja, menthe hachée et rouleaux impériaux. C'est un repas en soi : à 34 F, il est difficile de faire mieux ! Dans ce plat comme dans tous les autres, on apprécie la tendreté de la viande et la fraîcheur des légumes. C'est vert, c'est croquant, c'est généreux. Enfin, une mention spéciale pour la marmite de gambas ; la sauce piquante n'altère pas le goût des crustacés, les effluves marins se confondent avec des impressions de coriandre. Un vrai bonheur.

Le patron est souriant, curieux d'entendre parler du Québec (j'essaie de le persuader d'y ouvrir une succursale), et les clients sont des habitués : autant d'Asiatiques que d'Occidentaux. C'est, paraît-il, bon signe. Vive la cuisine des dames Phe Bat Eng et Phe Cheam Sing ! Ce sont de vraies fées…

Ce restaurant mérite vraiment la palme du meilleur rapport qualité-prix de ce guide !

8, rue Rampal
75019
42.38.62.34

Entrées : de 17 F à 32 F
Plats : de 32 F à 45 F
Menus : le midi : 49 F (nem, poulet au gingembre, riz et nougats) et à 54 F
  le soir : 54 F et 64 F (cocktail, choix entre 3 entrées, 3 plats, nougats et saké en digestif) Incroyable, mais vrai !

Ouvert sans interruption de 11 h 30 à 23 h 30 sauf mercredi

20ᵉ ARRONDISSEMENT

Trompe-l'œil

Ce trompe-l'œil est un des plus réussis de Paris... Il en est même dangereux : Rebuffet a peint, en 1988, une échelle avec un pompier qui va secourir des gens en haut d'un immeuble. C'est un hommage, j'imagine, aux pompiers de la caserne voisine. Il est si bien réalisé qu'on a l'impression qu'il y a vraiment une rue qui continue le long de l'immeuble. On ne se rend compte que la façade est peinte qu'à quelques mètres. Roulez lentement !

45, rue Saint-Fargeau

Méli-Mélo

Donnant sur une minuscule place qui porte le nom d'Édith Piaf se trouve une pizzeria où la chanteuse aurait pu se réchauffer aux sourires des patrons qui charment agréablement, même si l'odeur qui s'échappe du grand four à bois a déjà fait son œuvre de séduction... Le restaurant est tout petit, il est donc avisé de réserver car les habitants du quartier s'y pressent. On vient pour les pizzas — bolognaise, pomodoro, carbonara, au saumon fumé, gorgonzola, jardinière, calzone, quatre-saisons, marinara (entre 42 F et 55 F), pour les salades variées, les viandes — escalope de veau au marsala (71 F), bavette à l'échalote, ou pour les pâtes — lasagne au four, tagliatelles au pistou ou aux cèpes et au jambon de Parme. Mon copain René m'y a fait goûter : ces dernières étaient vraiment délectables; une pointe de jus de truffe accentuait le goût de sous-bois des champignons et le jambon en lamelles n'était pas trop salé comme René le redoutait un peu. J'ai mangé une pizza *all'uovo,* à l'œuf, à l'origan, aux tomates et au fromage, qui avait ce parfum artisanal si rare dans les pizzerias parisiennes. La pâte fine bien craquante avait du goût et ne ramollissait pas sous un trop-plein de garniture. Un bel équilibre qui m'incitera à choisir la pizza aux fruits de mer lors d'une prochaine visite. Le carpaccio pris en entrée était tout simple: des tranches presque translucides, un peu d'huile, un soupçon de basilic. Il y a aussi des charcuteries en entrée (59 F), du melon au porto (36 F), la tomate-mozzarella (40 F) et des œufs apprêtés à la provençale fleurant l'ail nouveau.

Le menu du jour a des résonances plus françaises: salade de chèvre chaud et magret de canard fumé (52 F), salade de saumon fumé, écrevisses et haricots verts fins (72 F), fromage blanc et griottes (32 F).

Je n'avais plus assez faim pour le dessert, mais le petit garçon qui était assis à côté de nous avait l'air aussi heureux qu'un matin de Noël quand on lui a apporté sa glace débordante de chantilly. Des tartes, des sorbets et une crème caramel complètent la carte des desserts.

Ajoutez des nappes et des serviettes en tissu, des vins à des prix honnêtes (brouilly à 96 F, valpolicella rouge à 69 F, chiaretto bardolino rosé à 69 F, demi-pichet à 38 F), et vous comprendrez que j'aie envie de retourner rue de la Py qui n'est pas voleuse...

30, rue de la Py
75020
43.64.98.26

Bar Édith Piaf

En sortant du restaurant Méli-Mélo, René et moi avions envie de continuer à bavarder; quoi de mieux qu'un café bien français dont le décor ne semble pas avoir changé depuis la mort d'Édith Piaf ? Nous avons bu du rosé : étant donné qu'il est servi à ras bord dans de petits ballons, on est rassuré sur son état d'ébriété si on arrive à porter son verre aux lèvres sans en renverser une goutte. L'ambiance est très simple, populaire et les prix sont plus que corrects : verre de rosé de 14 cl à 12 F. On peut également casser la croûte avec des sandwiches aux rillettes, au jambon de pays, aux fritons, au camembert ou au pâté de l'Aveyron (à partir de 12 F). Bien sûr, il y a des photos de la môme Piaf sur les murs, il y a même une cuvée Édith Piaf et la musique est doucement nostalgique : Lama, Hardy, Gréco, Adamo, Gall.

22, rue de la Py
75020
43.61.09.32

En dehors de Paris

Escale au Maroc

J'habite aux Lilas depuis sept ans. J'y suis arrivée par hasard, par chance devrais-je dire, car il est excessivement difficile de trouver un appartement agréable dans un quartier calme à Paris, ou dans la proche banlieue comme c'est le cas des Lilas. Juste à la frontière du 20ᵉ arrondissement, il y a une petite ville qui porte bien son nom ; des grappes mauves et blanches embaument les jardins au printemps, les rues étroites, la cour de mes voisins. On vit tranquillement aux Lilas, c'est un peu la province ; bref, on a tous les avantages d'être près de la capitale sans les inconvénients. Bien sûr, la vie mondaine y est réduite ; il n'y a pas beaucoup de restos, ou ils ne sont pas très intéressants et les cafés ferment tôt. Ce n'est quand même pas désespéré car l'Escale au Maroc existe aux Lilas depuis quelques années. Pour tout dire, je n'ai mangé qu'une ou deux fois dans un autre restaurant tunisien depuis que je fréquente la rue derrière chez moi et j'ai été déçue, punie de ma trahison.

Comme j'aime l'accueil qu'on vous réserve à l'Escale ! La sangria qu'on vous offre à l'apéro est une promesse de qualité, c'est même une des meilleures que j'aie goûtées ; la julienne d'écorces d'agrumes est parfumée à la fleur d'oranger, et le sucre ne tue pas le goût du vin. Nous voyons tout de suite en grignotant des amuse-gueule qu'on sait manier les épices. Ils sont toujours bons : olives piquantes, carottes au cumin ou chou à la coriandre. En entrée, les bricks (à l'œuf ou au thon) sont bien craquants, bien dorés, mais il faut absolument commander une pastilla, « millefeuille » de brick et de poulet à la cannelle saupoudré de sucre glace. C'est vraiment exotique, délicieux et copieux. Je vous conseille de la partager si vous voulez avoir assez d'appétit pour apprécier le couscous. Au poulet, à l'agneau ou aux merguez, en brochettes, avec des raisins et des pois chiches, il est aussi servi avec beaucoup de générosité. La cuisson à l'étouffée des tajines (ragoûts) donne des viandes très tendres. Qu'il s'agisse d'un bœuf aux pommes de terre et oignons, d'un poulet aux artichauts et au citron ou de l'agneau aux pruneaux, amandes et raisins.

Il y a un assortiment de pâtisseries gorgées de pistaches, de noix, dégoulinantes de bon miel, mais je crie grâce bien avant... À ce stade du repas, je suis déjà étonnée de pouvoir avaler un thé à la menthe!

24, avenue Faidherbe
93260 Les Lilas (près du boulevard Eugène-Decros et rue de Paris)
43.62.84.06

Prix : Entrées : entre 25 F et 40 F (la pastilla)
Plats : couscous ou tajines entre 45 F et 60 F.
Vins : entre 45 F et 70 F (les boulaouane et guerrouane, mais aussi des vins français)

Balades champenoises

Il y a Euro-Disney pour divertir les enfants, et ce n'est pas moi qui jetterai la première pierre à ceux qui auront le courage de se rendre à Marne-la-Vallée puisque j'ai visité Epcot Center avec beaucoup de plaisir. Cependant, si vous avez envie d'une activité familiale plus typique, les vendanges vous plairont peut-être. De la fin septembre au début octobre, Dany et Bernard vous proposent un forfait « vendanges » : petit-déjeuner avec le vigneron au pressoir, cueillette du raisin, pressurage du raisin, dégustation du jus, apéro et coq au vin vers 13 h 30. On vous fournit le sécateur et le panier, mais il est conseillé d'apporter des bottes et un imperméable.

Pour 250 F, on inclut dans ce forfait une bouteille de champagne. Mais, si vous êtes patient (et pour 100 F de plus), vous recevrez quelques années plus tard un magnum gravé à votre nom : *votre* raisin aura subi toutes les étapes de la méthode champenoise avec succès, on l'aura embouteillé et tourné dans les crayères avec amour avant de vous l'expédier.

Pour les paresseux (j'en serais), il y a aussi « le tournebroche royal » (220 F). Cela ne requiert aucun effort, sauf un peu d'énergie pour une dégustation de champagne, une visite des installations et un repas. Je n'ai pas testé ces balades, mais un copain de la région affirme qu'elles ont beaucoup de succès.

Il est impératif de réserver.

51190 Le Mesnil-sur-Oger
26.57.50.15

Index

MES BONNES ADRESSES...

... pour dormir
Grand Hôtel Jeanne
   d'Arc, 61
Hôtel Caron
   de Beaumarchais, 64
Hôtel Chopin, 149
Hôtel des Grandes Écoles, 97
Hôtel du 7ᵉ Art, 63
Hôtel du Cygne, 23
Hôtel du Vieux Marais, 63
Hôtel du Vieux Saule, 49
Hôtel Esméralda, 98
Hôtel Lindberg, 130
Hôtel Rivoli-Notre-Dame, 62
Hôtel Saint-Thomas
   d'Aquin, 131
Hôtel Vivienne, 43

... pour manger
Ao Yama, 71
Auberge de Jarente, 73
Auberge Nicolas Flamel, 50
Batifol, 52
Bistro Bofinger, 69
Bistro Romain, 169
Bofinger, 67
Caffe Bini, 136
Chez Denise La Tour
   Montléry, 25
Escale au Maroc, 185
Hawaï, 161
Hoa Ly, 178
Il Vicolo, 69
L'Empire Céleste, 102
L'Equinox, 72
L'Oustalou, 157
La Cigale, 131
La Robe et le Palais, 23
La Tribune, 147
Le Bougnat, 151
Le Carpaccio, 28
Le Coude Fou, 75
Le Grand Colbert, 44
Le Jardin d'à côté, 51
Le Perron, 133
Le Procope, 112
Le Relais d'Eguishem, 154
Le Rendez-vous
   de la Marine, 177
Le Saint-Amour, 143
Mavromatis, 101
Méli-Mélo, 181
Orient-Extrême, 116
Osteria del Passe Partout, 111
Perraudin, 106

Phénix d'Or, 76
Phuong Hoang, 161
Restaurant Şec, 173
Tashi Delek, 105
Thoumieux, 135
Toutoune, 104
Vagenende, 114
Véro-Dodat, 26

Trompe-l'œil (8ᵉ arrondissement), 143
Trompe-l'œil (20ᵉ arrondissement), 181

... pour le plaisir de lire

Au Livre d'or, 137
Librairie du Québec, 109

... pour casser la croûte, siroter un café ou un thé, prendre un verre ou une mousse

Amnesia, 78
Banana Café, 30
Bar Édith Piaf, 182
Bistro Beaubourg, 77
Hall 1900, 66
L'Apparemment Café, 55
La Plancha, 155
La Tartine, 70
La Taverne République, 54
Le Départ, 99
Le Gastelier, 173
Le Loup du Faubourg, 153
Le Père Tranquille, 29
Paris Midi, 64
Villages gourmands, 44

... pour la détente et la culture

Balades champenoises, 186
Drouot, 149
Le jardin du Luxembourg, 95
Le Musée des Arts forains, 167
Mosquée de Paris, 96
Musée Maillol Fondation Dina-Vierny, 129

... pour tout ce qui fait plaisir

Anna Joliet, 38
Anne-Marie Pignaud, 57
Annick Goutal, 126
Au Chat Dormant, 141
Aux Petits Petons, 122
Berthillon, 78
Bête Curieuse, 107
Callisto, 59
Cartes d'Art, 125
Cartes postales anciennes, 35
Caves Estève, 83
Cécile et Jeanne, 158
Chat Huant, 107
Chat Perché, 90
Cie des Comptoirs de la Banquise, 91
Comptoir du Terroir, 34
De bouche à oreille, 81
Dipaki, 122
Diptyque, 109
Dites-le avec une flamme, 94
Du pareil au même, 122
Entrée des Artistes, 56
Éric Bompard, 140
Extrêmement Fauve, 127
Fadoche, 122
Fanche et Flo, 175
Fugit Amor, 87
Geneviève Lethu, 37

Index

Hervé Gambs, 139
HG Thomas, 108
Il pour l'homme, 32
Jacques A. Gautier, 120
Kanel Warene, 90
Kim Cachemire, 40
Kimonoya, 86
L'Épicerie, 79
L'Olivier, 82
La Cave honfleuraise, 47
La Ferme Saint-Hubert, 144
La Maison Ivre, 119
La Vaissellerie, 33
Laguiole, 92
Lara et les garçons, 122
Le Bestiaire, 171
Le Bisou de la sorcière, 165
Le Dauphin Voyageur, 123
Le Mouton à cinq pattes, 122
Les parfums de Rosine, 39
Madelaine Gély, 138

Maison du miel, 147
Mariage Frères, 117
Muriel, 146
Nickel, 58
Peinture, 140
Poilâne, 115
Postcards, 46
Regan Weber, 60
Résonances, 89
Rondissimo, 124
Scandia, 119
Séduction féminine, 164
Sentou, 88
Sic'Amor, 87
Silver Moon, 58
Tang Frères, 163
Thanksgiving, 83
Tradition Renouée, 118
Train Bleu, 122
Tricobel, 36
Un jour ou l'autre, 31
Vert Paradis, 122

Table des matières

Préface	9
1er arrondissement	23
2e arrondissement	43
3e arrondissement	49
4e arrondissement	61
5e arrondissement	95
6e arrondissement	111
7e arrondissement	129
8e arrondissement	143
9e arrondissement	149
11e arrondissement	151
12e arrondissement	157
13 arrondissement	161
15e arrondissement	167

16ᵉ arrondissement	169
18ᵉ arrondissement	173
19ᵉ arrondissement	177
20ᵉ arrondissement	181
En dehors de Paris	185
Index	189

p r e n e z

L'AVENUE INTERACTIVE...

VERS UNE NOUVELLE DIMENSION
DU VOYAGE
EN FRANCE !

d e m a n d e z

VOTRE CD-ROM JET TOURS

**GRATUIT
CHEZ VOTRE AGENT DE VOYAGES**

MISE EN PAGES ET TYPOGRAPHIE :
LES ÉDITIONS DU BORÉAL

ACHEVÉ D'IMPRIMER EN SEPTEMBRE 1996
SUR LES PRESSES DE L'IMPRIMERIE GAGNÉ,
À LOUISEVILLE (QUÉBEC).